柏井 壽

京都の定番

GS 幻冬舎新書

378

はじめに

何事も、定番を知らずして、深く理解することはできない。

何事も、定番を知らずして、本当に愉しむことはできない。

すなわち、定番を知らないと、その魅力は半減してしまうのだ。

現在は、空前の京都本ブームと言えるくらい、たくさんの本が出ているし、情報量も多い。「穴場」「人知れず」「とっておきの」といった惹句《じゃっく》が躍るが、悲しい哉、そこには、〝俄《にわか》京都〟的なものが本物の顔をして紛れ込んでいる。

京都が好きで、京都を知りたいのであれば、今こそ、定番の京都を知るべきなのである。

本書が、たしかな京都を見る目を養うきっかけになれば幸いだ。

京都の定番／目次

第二章 京都の食の定番 65

地図、図版作成・DTP　美創

第一章 京都名所再見

あなたは本当に「京名所」を見ていると言えるか？

はてさて京都には観光名所がどれほどあるのだろうか。数えてみようなどと思ったこともないが、数限りなくあるようで、しかし実際に観光客が訪れる名所というのは、さほど多くないだろうと思う。

たとえば桜の頃。テレビに映し出されるのは、たいていが嵐山か円山公園。後は年々ライトアップに情熱を注ぐ観光寺院くらいのもので、南山城の古寺にひっそりと咲く山桜に人が群がる姿など、これまで一度も見たことがない。

春に比べれば、秋の紅葉はもう少しバリエーションが増える。お決まりは東山の裾野。東福寺、永観堂、南禅寺から銀閣寺。西は嵯峨野、北は鷹峯《たかがみね》。それでも十指は超えない。

年が明けて初詣となれば、上賀茂神社と下鴨神社のふたつの世界遺産。そして伏見稲荷大社。

どんなに数多くの名所があったとしても、判で押したように、メディアはこれらの有名どころばかりを取り上げる。

普通に考えれば、そうしてメディアで紹介されたところが混み合うのは必定だから、そこを避けて他を探す筈なのだが、困ったことに最近の旅人は、混雑を承知で、同じところへ行きたがるのである。結果、よく名の知られた名所にますます人が集まるようになり、年々その数は増えることはあっても、減ることなどない。

一極集中という現象を、僕は長く憂い続けていて、隠れた名所を紹介することに心を砕いてきたのだが、流れを止めるどころか、勢いは増すばかり。

であるなら、発想を変えようと思い立った。多くの旅人がそこばかりを目指すのはなぜなのか。本当にそれだけの魅力があるのか。つぶさに見てみることとした。

京都ほど多くの名所を擁する街はきっと他にないだろう。古都京都の文化財として、十六もの寺社が世界遺産として認定されているのをはじめとして、見るべき寺、参拝すべき神社は数知れず。何度訪れても飽きることがないのは、そのおかげでもあるが、多くが訪れる場所というのは概ね決まっていて、それは修学旅行のコースに必ず含まれるような有名寺社である。京都を旅して誰もが一度は訪ねたことのある寺や神社。多くの観光客に紛れて、見学参拝したものの、記憶に残っているのは絵葉書にあるような代表的な光景のみ。そこが一体どんな寺社だったのか、曖昧な印象しか残っていないというのは、よくあること。

知ってるつもり、見たつもりの典型。いま一度訪ねてみれば、そこがなぜ名所として、長く、多くの人を集めているのかが分かる。京名所再見。いわば二度目の修学旅行である。

一方的に案内を聞かされるのと、自ら知ろうとするのとでは、天と地ほどに受け止め方が違ってくる。

まずは疑問を持ち、解明しようとし、そして答えが見つかったときの喜びは格別のものがある。加えて、名所の名物だけに目を奪われるのではなく、名所の拠って立つところに目を向けたい。

京都を訪れて、誰もが足を運ぶだろう有名寺社の幾つかを例にして、その歩き方、見方をご紹介したい。ただ、これはほんの一例であり、もしくは僕流の歩き方である。興味を持つところも、見方も人によってそれぞれ異なるだろうから、決してこれを押し付けるものではない。更に言えば、仏教美術に詳しいわけでもなく、寺院建築の専門家でもなく、そういう意味ではまったくの素人である。

ただただ、こういう風に歩いてみれば、こんな風に思いを馳《は》せれば、京都歩きはもっと愉しくなる。そう確信してのご提案と考えていただきたい。

「東寺」は五重塔のみにてあらず。「金閣寺」は金閣のみにてあらず。「清水寺」は舞台のみにてあらず。その思いを持って、名所を巡ってみたい。

知られざる歴史を背負った「東寺（教王護国寺）」

東寺と双璧を成した西寺が、なぜ滅んだのか

Map A

京都を代表する景色は幾つもあるが、右代表となれば「東寺」の五重塔になることは間違いない。京都を舞台にしたテレビドラマやバラエティ番組のタイトルバックには、必ずと言っていいほど、「東寺」の五重塔が使われる。

東海道新幹線で西から向かって来るとき、この五重塔が見えれば、もう京都駅はすぐそこ。京都駅という、京の玄関口に「東寺」があるというのも、なかなか象徴的な話でもある。

近鉄電車に乗れば京都駅からわずかひと駅だが、京都駅の八条口からなら、徒歩で十分ほどで「東寺」に辿《たど》り着ける。まずはこの「東寺」から名所巡りを始めてみよう。

「東寺」は文字通り、東の寺であって、それは何の東かと言えば、平安京の正門とも言える〈羅城門《らじようもん》〉に対しての呼称。東があれば当然西もあるわけで、往時は「西寺《さいじ》」もあった

が、早くに衰退し、今はその跡を残すのみとなっている。

平安遷都の二年後、延暦十五年（七九六年）に造立され、その後の弘仁十四年、すなわち西暦八二三年になって、嵯峨《さが》天皇から弘法大師《こうぼうだいし》空海《くうかい》に与えられている。

意外に思われるかもしれないが、平安京にはほとんど寺らしきものがない。それは寺院建設禁止令が出されていたからで、国家公認とも言える「東寺」や「西寺」は希少な存在だった。

一時は「東寺」を上回るほどの隆盛を誇った「西寺」が、なぜ滅んだのか。そこには面白い逸話が残されている。

空海に「東寺」が与えられたのと同じく、守敏僧都《しゅびんそうず》という僧に「西寺」が与えられた。この僧都と空海は、同じ真言密教に通じていて、強力なライバル関係にあった。というよりも、空海が唐に行っている間、僧都は様々な法力《ほうりき》を見せ、天皇の信頼も相当篤《あつ》かったようだ。

そしてそのふたりの僧は、雨乞いの儀式で対決する。干ばつに苦しむ都を救うために、まずは僧都が雨乞いをする。十七日間に及ぶ雨乞いの結果、都に雨が降り、僧都は勝ち誇るのだが、都の中心に降っただけで、周囲の山には降らず、賀茂川の水かさも一向に増す気配がない。

そして空海の出番。都人が固唾を呑んで、その成果を見守るものの、七日経っても一滴の雨すら降らない。多くが落胆するなか、不思議に思った空海が調べたところ、僧都が龍神を隠していたことが明らかになる。つまり僧都はズルをしたわけだ。

龍神を取り戻した空海が天竺《てんじく》に向かって祈ると、たちまちのうちに雨が降り、都は救われた。空海の勝利である。

これを逆恨みした僧都は、羅城門で待ち伏せし、空海に矢を放つが、どこからか現れた黒衣の僧が身代わりとなって、空海を救う。これが街の噂となり、僧都の権威は失墜、「西寺」は衰退の一途を辿り、ついには廃寺となったという。

今も羅城門の跡地には、空海を救ったという地蔵を祀《まつ》る「矢取地蔵《やとりじぞう》」がある。黒衣の僧は地蔵さまだったのだ。

そんな逸話を思い浮かべながら、〈南大門《なんだいもん》〉から「東寺」へ入る。

南大門より入れ

京都駅の八条口から西へ歩くと、北総門の方が近いのだが、表門とも言える〈南大門〉

へまわり、こちらから入った方が、威風堂々たる「東寺」らしさを実感できる。

九条通に面して建つ〈南大門〉は三間一戸《さんげんいっこ》（※開口が一間で、残りの二間分が左右に振り分けられている）の八脚門《はっきゃくもん》。古色蒼然たる構えで、きっと平安の頃からずっとここにあったのだろうと思いきや、存外その歴史は浅く、明治元年（一八六八年）に焼失してしまった後を受け、明治二十八年（一八九五年）に「蓮華王院《れんげおういん》」の西門を移築したもの。

不思議に思うだろうが、実は京都の寺にはよくあることで、寺どうしで融通し合うと言えば、妙な言い方になるかもしれない。しかし、互助精神の発露だとすれば納得できるだろう。

「蓮華王院」、すなわち「三十三間堂《さんじゅうさんげんどう》」は、これより東、二キロと少し離れた地にある。そこで解体して運び、またここで組み立てたのだから、なかなかの難事業である。

だが、これくらいは近い方だ。「建仁寺《けんにんじ》」の三門などは遠く遠州《えんしゅう》（現在の静岡県西部）から移築されたというから、その労苦は並大抵のものではない。

さて、その焼失した〈南大門〉だが、門の外側、東側の芝地の中に礎石《そせき》だけが残されている。かつての姿を偲《しの》んでみたい。

境内に戻る。

〈南大門〉から入って右手に五重塔を見上げると、その間に小さな社が建っていることに気付く。これが〈八島社《やしましや》〉。「東寺」の地主神と伝わり、「東寺」が建立《こんりゆう》されるはるか以前から、この地に建っていたという。

神仏混淆《こんこう》などという言葉を使うまでもなく、日本の仏教と神道は対立するものではなく、時には親しい関係を築いてきた。嵯峨天皇から「東寺」を与えられた空海は、寺門興隆、国家安泰などの様々を、この〈八島社〉で祈願したと伝わっている。

その奥に建つ五重塔。「東寺」のシンボルとも言える塔は、京都のシンボルでもある。四度の焼失を乗り越え、五代目を数える今の五重塔は寛永期《かんえい》（一六二四年—一六四五年）の建立。

五五メートルの高さを誇る塔だが、驚いたことに地中に埋められた柱は一本もなく、すべてが基壇の上に設置されているという。寛永期以降に京都はたびたび大きな地震に襲われているが、それでも倒壊しなかったということは、よほどうまく設計されているに違いない。外から加わる力を外に逃がす柔構造のおかげだというから、いわゆる柔よく剛を制す、なのだろう。そんな思いを持って見上げてみる。

大日如来《だいにちにょらい》に見立てた心柱を囲み、四尊《よそん》の如来と八尊《はっそん》の菩薩《ぼさつ》が安置されている初層内部は、極彩色の文様で彩られ、密教らしい重厚な空気を醸し出すが、特別公開を除き、普段は非公開となっているので、塔の中の話はおくとしよう。

〈南大門〉から境内に入って、正面に見えるのが国宝にも指定されている〈金堂《こんどう》〉。空海が「東寺」を与えられたときには、この〈金堂〉だけが建っていたという。いわば「東寺」の始まりとも言える〈金堂〉は創建から六百年経った頃に焼失し、慶長八年（一六〇三年）に再建されたもの。

安土桃山時代の晩期に建てられただけあって、和様《わよう》と、宋の様式を取り入れた天竺様とが、絶妙のバランスを取る屋根の木組みが見どころ。軒の上の組物は古い和様、下の組物は天竺様で組まれている。

二重屋根になっていて、下屋根の真ん中を一段切り上げる作り方は、後述する「平等《びょうどう》院《いん》」の〈鳳凰堂《ほうおうどう》〉と同じで、上の扉を開けたときにご本尊の顔を明るくする効果を生み出す。

古よりここには、霊験あらたかな神さまたちが数多

広い境内には多くの建物が並び、そのうち、〈金堂〉〈講堂〉〈五重塔〉を含むエリアが

有料拝観となっていて、それ以外は内部を除き自由に拝観できる。そのうちの幾つかを紹介しよう。

まず見ておきたいのが〈夜叉神堂《やしやじんどう》〉。〈講堂〉と〈食堂〉の間に建っていて、東西ふたつに分かれている。

インド神話に登場する鬼神《きしん》の一種とされる夜叉神は、密教の大日如来に包括され、仏法の守護神に数えられることとなる。

東に雄、西に雌の夜叉神が安置され、かつては〈南大門〉の両脇を守っていたといい、これを参詣せずに素通りすると罰が当たるという話がある。或《ある》いは歯痛を平癒する霊験あらたかな神さまとしても知られる夜叉神。小堂の前に白豆を埋めて祈れば、歯痛が治ると言われる。

堂の中を覗き込むと夜叉神の姿が見え、雌雄どちらも憤怒の表情だが、やはり雄の方が険しい顔付き。雄は文殊《もんじゆ》菩薩、雌は虚空蔵《こくうぞう》菩薩とされ、このふたつの像は、なんと空海の作と伝わっているそうだ。格子の扉越しとは言え、間近に拝することができるのはありがたい。

〈夜叉神堂〉から西へ、空海の住房と伝わる〈大師堂《だいしどう》〉の奥に〈大黒堂《だいこくどう》〉がある。ここに祀られている三面大黒天は豊臣秀吉の守り神としてもよく知られている。

私事で恐縮だが、大黒天、毘沙門天《びしゃもんてん》、吉祥天《きつしょうてん》（弁財天）が一体となる三面大黒天さまは、僕の守り神でもある。「延暦寺《えんりやくじ》」にある〈大黒堂〉で出会って以来、守護神と決め、お参りする頻度も高い。京都では他に「圓徳院《えんとくいん》」にも祀られていて、秀吉がこの三面大黒天に出世を願い、見事に太閤となったことから〈三面出世大黒天〉とも呼ばれている。出世を願う向きは是非ともお参りを。

〈大師堂〉の南に位置する〈毘沙門堂〉は文字通り毘沙門天を祀っていて、〈都七福神〉のひとつに数えられており、正月の七福神巡りの際には大いに賑わう。

この〈毘沙門堂〉の西側には石塔が幾つか建てられていて、その中の〈尊勝陀羅尼碑《そんしょうだらにのひ》〉の台座には亀が象《かたど》られている。この台座の亀を撫でると、身体の悪いところが良くなるとされている。

同じように、この碑の西にある〈天降石《てんこうせき》〉も、石を撫でた手で、身体の悪いところをさすると快癒すると伝わっている。

こうした民間伝承が多く残されているのも「東寺」の奥深さを表している。〈五重塔〉だけを観るのではなく、境内の隅々まで歩いてみて、古《いにしえ》の人々になったつもりで観ると、また新たな発見がある。

最後に〈北大門〉を出て〈北総門〉に向かって歩いてみる。

道路の真ん中に石畳の道が通り、両側に街路樹が植わる道は櫛笥通《くしげどおり》と呼ばれている。かつて平安京の頃には櫛笥小路と呼ばれた参道は、平安時代の道幅をそのまま今に残す貴重な道筋。古人がこの道を辿って「東寺」に参詣していたかと思えば、感慨は一層深まる。

平安期の建物こそ残されていないが、正しく復元された建築物や、伸びやかな空間、そして何より高くそびえ立つ〈五重塔〉。**「東寺」は平安京の景観を偲ぶことができる唯一無二の遺構**である。

古の人々への想像が膨らむ「平等院」 Map A

世にも名高い「鳳凰堂」の由来

茶どころで知られる、京都の宇治に建つ「**平等院**」。十円硬貨に描かれている鳳凰堂でよく知られる寺だが、その鳳凰堂の屋根の上に置かれている鳳凰が一万円札の裏にデザインされていることは存外知られていない。無論のこと、屋根の上にある像はレプリカで、本物は鳳翔館《ほうしょうかん》に収蔵されているのだが。

聖天子の出現を待って現れるという鳳凰は、無論伝説上の鳥。鱗《うろこ》で覆われた鹿の身体に、首は蛇《へび》、顎《あご》は燕《つばめ》、嘴《くちばし》は鶏《とり》、背中は亀という、見ようによっては不気味な姿をし、五色に彩られ、梧桐《ごとう》（別名アオギリ、落葉樹）にしかとまらないという習性を持つとされる。お札の裏を改めて見てみると、たしかにそんな風だ。

通常、鳳は雄を、凰は雌を指すと言われるが、この「平等院」〈鳳凰堂〉に限っては雌雄の区別がないとされる。

そんな鳳凰がなぜ「平等院」のシンボルとされているのか。その答えは風水思想にある。古代中国の陰陽《いんよう》思想と五行説《ごぎょうせつ》に基づく風水で見ると、四神相応《しじんそうおう》の地が最高とされた。平安京が置かれたのも、京の地が四神相応の地だったからである。

北は玄武《げんぶ》、西は白虎《びゃっこ》、東は青龍《せいりゅう》、南は朱雀《すざく》。四つの方位を護る霊獣の存在が四神相応。その中央の黄龍《おうりゅう》と呼ばれる地に宮廷を定めると都は安定すると信じられていて、まさしく京の都はそんな形であった。

詳述は避けるが、この朱雀。翼を広げた鳳凰と同一と言われる。地形としては朱雀は巨椋池《おぐらいけ》を指すと言われるのだが、都の南方に位置する「平等院」にも朱雀を置くことで万全を期したのではないだろうか。

栄華を極めた藤原氏の願いがこの鳳凰に託された。——無論これは僕の推測でしかないのだが。

もとは〝光源氏〟の別荘。後に、極楽浄土の象徴に

そんなことを頭に入れてから訪ねれば、親しみが増し、寺の観方も変わってくるに違いない。

世界遺産にも登録されている「平等院」。その始まりは『源氏物語』の主人公である、光源氏のモデルとも言われる左大臣、源融《みなもとのとおる》の別荘として建てられたものだという。**天下のプレーボーイが遊んだ別荘が、十円玉にデザインされる寺院になるまでのプロセスはどうだったのか。**そう考えればば寺参りもワクワクしてくる。

どんな理由からだったのかは今では知る由もないが、この別荘は、源融から宇多《うだ》天皇の手に渡り、やがて天皇の孫である源重信を経て、藤原道長の別荘〈宇治殿《うじどの》〉となった。時を経て、藤原頼通が父道長の別荘だった〈宇治殿〉を寺院に改めたのが「平等院」の始まり。やっと「平等院」に辿り着いた。

京都に限ったことではないだろうが、多くの寺は最初から寺だったわけではなく、様々

な紆余曲折を経て、今の寺院になっている。このことも頭の隅に置いておきたい。光源氏の別荘から、長い時間を経過して、ようやく寺になった。

その、〝寺になった時代〟というのも重要な要素で、その頃はどんな時代背景だったのか、どういう思想が主流だったのか、を重ね合わせて考えると、今目の前にある寺がくっきりと浮かび上がってくる。

飛鳥時代から広まった仏教は、現世での救済を求めるものとして、民衆に受け入れられた。それが平安時代後期になると、〈末法思想《まつぽう》〉が広く信じられるようになる。

釈尊《しやくそん》の入滅から二千年経つと、仏法が廃《すた》れる——。まことしやかに、そんな〈末法思想〉が流布し、それに追い打ちをかけるように天災が続いたために、民衆の不安は一層深まることになる。

この不安から逃れるための、厭世的な思想として仏教がとらえられ、その救済時期も現世から来世へと移っていく。

いわゆる〈厭離穢土《おんりえど》　欣求浄土《ごんぐじようど》〉の教えが広まり、末法の時代が到来したと信じた町衆はただひたすら浄土の世界に憧れる。

「平等院」が創建された頃は、まさにそんな時期で、極楽往生を願う貴族たちは、こぞって阿弥陀《あみだ》堂を建立した。その本尊は阿弥陀如来。西方《さいほう》極楽浄土の教主とされる仏さまである。

本来、寺院の金堂や本堂は南面を向くのだが、浄土の思想で西方極楽浄土に向くよう、東向きの阿弥陀堂が数多く造営されるようになった。〈鳳凰堂〉がその典型である。**お堂の向きひとつで、建立時の思想背景が分かる。これが寺社巡りの面白さである。**

浄土の思想によって、阿弥陀如来さまをお祀りする堂の前庭には、広い苑池《えんち》（阿字池《あじがいけ》）が設けられた。その池とのバランスを保つために、横に長い建物が必要となり、かくして、十円玉にデザインされる鳳凰堂が建立されたというわけだ。

先年、無事に修復を終えた「平等院」〈鳳凰堂〉には多くの善男善女が足を運び、神々しいまでの美しさにため息を漏らしている。

極楽往生を願う人々は、人間界から西に十万億の仏土を隔てたところにあるという西方浄土を、この「平等院」に重ねてきた。平和な世にのみ姿を現すとされる鳳凰が見守っている。

――極楽いぶかしくば　宇治の御寺《みてら》を敬へ――

そんな歌が流行ったことからも、多くがこの「平等院」と極楽浄土を重ね合わせていたことが分かる。

〈鳳凰堂〉が建つ〈阿字池〉そのものが極楽浄土の象徴とされ、往時はこの池に船を浮かべたという、池泉舟遊式庭園《ちせんしゆうゆうしき》。極楽へと旅立つ船に乗って、何を思ったのだろうか。

これぞ、見どころ

その〈阿字池〉に浮かぶかのように建つ〈鳳凰堂〉は、中堂《ちゆうどう》、両翼廊《りようよくろう》、尾廊《びろう》と大きく三つに分かれている。

たいていは池を隔てて正面から観るのだが、真正面から少し南北にずらして観ると、また趣きが変わる。それは三つの部分でそれぞれ屋根の形状が異なるからで、翼廊は切妻造《きりづまづくり》、翼廊隅の楼閣《ろうかく》が宝形造《ほうぎようづくり》、中堂が入母屋造《いりもややづくり》となっていて、その変化によって美しさを際立たせている。

〈鳳凰堂〉の中には国宝に指定されている、巨大な阿弥陀如来坐像が真ん中に端座し、周囲の壁には五十二体の雲中供養菩薩《うんちゆうくよう》像がかかっている。

阿弥陀如来を供養し、雲の中を飛翔してその徳を称えるという雲中供養菩薩。阿弥陀如来坐像を作った仏師・定朝《じようちよう》の工房で作られたものといわれ、楽器や持ち物、雲がなびく方向などが異なり、見飽きることがない。

いささか不謹慎かもしれないが、周囲を極彩色の絵や文様で埋め尽くされた堂内に浮遊する姿は、さながらアイドルグループにも見える。中でお気に入りを見つけるのも一興。僕は蓮華を手に持つ〈北二十五号像〉の華やかさに強く惹かれる。

いずれにせよ、正面から朝陽を受ける阿弥陀如来さまの神々しさが〈鳳凰堂〉、ひいては「平等院」の象徴であることは間違いない。

〈鳳凰堂〉の他にも〈浄土院〉や〈最勝院《さいしょういん》〉など見どころも多いが、是非観ておきたいのが〈鳳凰堂〉の南の高台に位置する〈鐘楼《しょうろう》〉。

中に釣られる梵鐘《ぼんしょう》は国宝にも指定され、天下三名鐘のひとつに数えられている。〈勢〉の「東大寺《とうだいじ》」、〈声〉の「三井寺《みいでら》」、〈姿〉の「平等院」と称される通り、その優美な姿は一見の価値がある。

鐘身は鳳凰や唐草の文様が浮き彫りにされ、上下三段、左右四区に分けられたものだが、〈鐘楼〉に釣られているそれはレプリカ。本物は〈鳳翔館〉に展示されている。

庭園の景観に配慮して大半が地下に造られた〈鳳翔館〉には、この梵鐘をはじめとして、雲中供養菩薩像が二十六体、そして一対の鳳凰像など、貴重な宝物が展示されているので是非とも観ておきたい。

ステーショナリーやアクセサリーなどのミュージアムグッズも売られているので、ここでしか買えない京土産として買い求めるのも愉しい。ちなみに僕のお気に入りは雲中供養菩薩と鳳凰のピンバッジ。お守り代わりに付けることが多い。

「平等院」を訪れたなら必ず「宇治上神社《うじがみじんじゃ》」にもお参りしておきたい。同じ世界遺産に指定されていても、その空気はまったく異なり、神域とも呼べる、重厚な雰囲気を湛《たた》えている。

現存する最古の神社建築とも言われ、深い山の緑を背景にした、流造《ながれづくり》の本殿は『源氏物語』を彷彿《ほうふつ》させる。

周辺に見どころの多い「清水寺」

Map A　桜-3

清水といえば、舞台

修学旅行生から外国人観光客まで、京都を訪れて、およそ「清水寺」へ足を運ばない旅人などいないに違いない。季節を問わず、時間に関わりなく、小高い山に建つ仁王門を目指す客は絶えることがない。

京都の風景の中で、最も京都らしい絵は「清水寺」の舞台。崖にせり出すように造られた舞台は飛び降りとも結び付き、京都観光の定番中の定番。咲き誇る桜を背景にしても、色づく紅葉の中にあっても、清水の舞台は必ず絵になる。

〈清水の舞台から飛び降りる〉。重要な決断をするときの喩《たと》えに使われる言葉だが、本来の飛び降りは願掛けを目的として行われていたという。

江戸中期の浮世絵師、鈴木春信《はるのぶ》の作品に〈清水舞台より飛ぶ女〉というのがあって、傘を広げた振袖姿の女性が、ふわりと宙を浮いているような絵柄。その足元には満開の桜が描かれているが、清水の舞台そのものは見当たらない。

江戸時代には二百人以上が実際に飛び降りたようだが、八割以上が生きて帰れたといい、多くの願いは叶《かな》ったのだろう。

毎年師走《しわす》に入ると、この清水の舞台が一躍脚光を浴びるニュースがあって、それはその年の世相を漢字一文字で表すとどんな字になるか、を知らせるもの。

公募によって選ばれた一文字を、当寺の貫主《かんしゅ》が大きな筆で書き下ろす。言い得て妙な年もあれば、いささか的外れと思える年もある。それもまた、師走の風物詩と思って多くが納得するのは、そこが清水の舞台だからである。たとえばこれが、寺の本堂だったり、或いは庭園だったりすれば、これほどの話題になることはなかっただろうと思う。ともすれば、展望台のようにとらえられがちだが、清水の舞台はまさしく舞台、ステージなのである。

この舞台、もとを正せば、本尊である観音さまに芸能を奉納する場所だった。平安時代の頃から、能や雅楽、歌舞伎に狂言、相撲など、様々な芸能が奉納されてきたのだから、そこで演じられる様々を引き立てるのは当然のこと。

辿るルートで、趣きがまったく違う

そんな話を頭に入れて「清水寺」へ。まずは向かう参道を選びたい。

――爪先上がりの参道は三つ。車は五条坂。人は松原通。情あるは三年坂。昔からそう言われ、どこから辿るかによって、その気分は大きく異なってくる。昔の修学旅行なら、きっとバスで五条坂からが一般的だった筈。

寺にせよ、神社にしても、参道が果たす役割は極めて大きい。どんな道筋を辿るかによって、参詣する寺社の印象は大きく違ってくる。

お奨めしたいのは〈情ある道〉。祇園《ぎおん》下河原から高台寺、二年坂、三年坂を経て辿るのがいい。

スタートは「八坂神社」。南楼門から下河原通へ出る。途中、情緒ある石畳の路地が続く石塀小路を抜け、「高台寺」の前に出る。

――清水へ　祇園をよぎる桜月夜　こよひ逢ふ人みなうつくしき――

歌人、与謝野晶子が春に詠んだのはこの辺りだろうと思う。

そこから坂を東に上り、二年坂へと入る。両側に店が建ち並び、俄然賑やかになる。

二年坂から三年坂へ。石段は長く続く。と、ここで小さな不思議に気付く。

京都という土地は北が高く南が低い。洛北の北大路通と洛南の九条通では五〇メートル近い標高差がある。北大路通は「東寺」の五重塔のてっぺんと同じ高さだと、子供の頃に教わった。それを実感するのは自転車。北から南へ漕《こ》ぐのは楽だが、その逆はかなりきつい。或いは鴨川や高瀬川など川の流れ。北から南に流れている。

そこで二年坂、三年坂。どちらも北から南へと上り坂になっている。地形の妙もあるが、それほど「清水寺」が高いところに建っているということでもある。

その三年坂の途中、〈浄土真宗興正寺別院霊山御本廟《じょうどしんしゅうこうしょうじべついんれいざんおほんびょう》〉の石標から東へ入る裏道がお奨め。

木立の参道を入って行くと、石段の上に山門があり、その手前を右、すなわち南へ折れると、「清水寺」へと続く裏道になる。小さな谷川を渡り、狭い山道を上る。〈成就院《じょうじゅいん》〉への参道である。

普段は非公開とされ、年に二度ほど特別公開される〈成就院〉へと辿る道筋に佇《たたず》む石仏群が見どころ。

阿弥陀如来、地蔵菩薩、観音菩薩、釈迦如来から大日如来まで。多種多様の石仏が並んでいる。これらはかつて京都の街中に祀られていた〈お地蔵さま〉。

廃仏毀釈《はいぶつきしゃく》の際、捨てるわけにはいかないと、京の町衆によって寺に移されたもの。石像には苔《こけ》も付き、古色を漂わせるが、町衆の手によって前垂れが頻繁に掛け替えられている。

今も京の夏の歳事として知られる〈地蔵盆《じぞうぼん》〉。地蔵信仰の篤い京都ならではの逸話である。

ただ舞台だけを見ているのでは、京都の本来の姿をうかがい知ることはできない。裏道を辿ればこその情趣。

これはここ「清水寺」に限ったことではなく、京名所全般に通じること。名所の名物のみに目を向けるのではなく、その周りにあるものにも心を留めてみたい。

幸せの寺を辿る

さて、参道となる三年坂。産寧坂と読み書きすることもある。産を寧する。つまりは安産祈願。この名の由来と言われる「泰産寺《たいさんじ》」にも足を運んでみたい。

舞台のある〈本堂〉から〈奥の院〉を経て南へ。秋には見事な紅葉が広がる〈錦雲渓《きんうんけい》〉を横目にしながら進むと、三重塔が見えてくる。ここには〈子《こ》安《やす》観音〉と呼ばれる十一面観音が安置され、それゆえこの塔は〈子安塔〉と称される。

「清水寺」の塔頭《たっちゅう》である「泰産寺」は、聖武《しょうむ》天皇と光明《こうみょう》皇后が御子の誕生を祈願し、その願いが叶い、安産となったことの報恩として建立したと伝わっている。その「泰産寺」へ通じる道だから産寧坂というわけである。このことは、ここまで足を運ばなければ分からない。

そしてここ「泰産寺」まで足を延ばすことをお奨めするのは、ここから「清水寺」が一望できるからだ。

塔の前に立って北を見ると、西門から三重塔、本堂まで伽藍《がらん》が並ぶ景観は圧巻。分けても、本堂の舞台は堂々たる姿。当たり前だが、舞台にいたのでは舞台の全容を見ることはできない。

〈奥の院〉から〈子安塔〉へ至る道沿いには〈福禄寿《ふくろくじゅ》の石仏〉が、ひっそりと佇んでいる。

石仏の左側面の肩には五芒星《ごぼうせい》が刻まれていることから、道教の道士ではないか、と推されることもあれば、隠れキリシタンの名残とも、「清水寺」開基の行叡居士《ぎようえいこじ》とも言われる、謎の残る石仏。近世になって、広袖衣《ひろそでころも》を着て、頭巾《ずきん》をかぶり、錫杖《しやくじよう》や経巻《きようかん》を手にする姿になり、福禄寿に見立てられるようになった。

清水寺のすぐ近くに、大悲恋の物語の舞台が

泰産寺、福禄寿と、幸運に繋がる見どころが続く界隈だが、ここから更に南へ進むと、悲哀に満ちた物語の舞台になる寺がある。「清閑寺《せいかんじ》」。この寺で出家させられた小督局《こごうのつぼね》の哀しい物語。

小督局は、高倉《たかくら》天皇の寵愛を受けるも、平清盛の娘であり、中宮《ちゆうぐう》という地位にある建礼門院徳子《けんれいもんいんとくこ》をないがしろにしたとして、平清盛の怒りを買う。追いやられるようにして嵯峨野の奥に隠棲《いんせい》する。悲嘆にくれる高倉天皇は、小督を宮中に呼び戻すよう腹心の源仲国《なかくに》に勅を下した。

命を受けて、中秋の名月の夜、嵯峨野へ、箏《こと》の音を頼りに小督探しに出向く仲国。得意の笛を吹くと、〈想夫恋《そうふれん》〉の調べが聞こえてくる。音の方に向かうと、そこには粗末な小屋があり、小督が隠れ住んでいた。能の「小督」名場面である。

仲国の説得を受けて、密かに宮中に戻った小督は、高倉天皇との密会を続ける。だが、清盛におもねる者がこれを告げ口し、再び清盛の怒りを買うことになる。やがて小督は高倉天皇の第二皇女を出産した後、ここ「清閑寺」で無理やり出家させられる。

高倉天皇は嘆き哀しみ、死後は小督のいる「清閑寺」へ葬るようにとの遺言を残して崩御する。その葬儀はここ「清閑寺」で行われ、遺言通りここへ葬られた。

寺内には小督局の供養塔が建ち、背後の山には〈後清閑寺陵〉、すなわち高倉天皇陵がある。悲恋は来世で結ばれることとなった。

「清閑寺」には、菅原道真が彫ったとされる、本尊の十一面観音像を安置する本堂のみが残されている。もうひとつの見どころは、京都の町並みを一望する眺め。

石組みで囲まれた〈要石《かなめいし》〉。ここからは、扇を広げたような形で、京の街を眺めることができる。きっと偶然だろうが、ここに立って小督は、はるか遠くに建つ御所を望み、宮中での日々、高倉天皇との逢瀬を懐かしんだのだろう。

繰り返しになるが、名物、名景だけを見ていたのでは、ただの物見遊山に終わってしまう。その**名所へと辿る道筋、周辺にあるゆかりの地まで対象を広げると、様々な物語が浮かび上がってくる。これこそが名所再見の勘どころである。**

とは言うものの、このペースで紹介していけば、第一章だけで終わってしまう。これより先の名所再見は、ほんのさわりだけをご紹介する。後はご自分の足で、目でつぶさに開拓していただければ幸いである。先に書いた三ヶ寺を参考として、名所再見の巡り方を編み出していただきたい。

時代ごとの顔を見せてきた「南禅寺」

鎌倉時代に〝一位〟にランキングされていた寺

Map **A**　桜-**3**　紅葉-**3**

昔も今も、人は何かにつけランクを付けたがる。食のガイドブックでも、どこそこの店が三つ星だとかを勝手に定め、食通と呼ばれる人たちは、これに右往左往させられる。

あながちそれを笑えないのは、**鎌倉時代には、時の天皇が禅寺をランク付けしていて、今もその〈五山《ござん》制度〉が変わらず残っている**からだ。中国に倣ったようだが、寺に順位を付けることにどんな意味があったのだろうか。

後醍醐《ごだいご》天皇は「大徳寺」と「南禅寺」を同率一位としたと伝わる。その後、室町時代になって、足利尊氏《あしかがたかうじ》は京と鎌倉を合わせて〈五山〉を定める。後に義満の時代になって、京と鎌倉を分離し、〈京都五山〉を制定した。その際、義満自ら創建した「相国寺《しょうこくじ》」を、ちゃっかり二位に組み入れ、「南禅寺」を別格一位に格上げさせて、都合六ヶ寺とした。根拠があるようなないような。所詮ランキングとはそうしたものなのだろうが。

洛東の山裾に建つ「南禅寺」は、亀山天皇が文永《ぶんえい》元年（一二六四年）に造営した、離宮の〈禅林寺殿《ぜんりんじどの》〉を、後に寺として正応《しょうおう》四年（一二九一年）に開山したもの。そう聞いて、すぐ隣に建つ「永観堂《えいかんどう》」を思い浮かべた方は、かなりの京都通である。「永観堂」の正式名称は「禅林寺」であり、〈禅林寺殿〉は、それに由来する。

「南禅寺」の寺としての開基は、わずか十歳にして皇位に就いた亀山《かめやま》法皇。後嵯峨上皇の皇子である。四十歳の頃に出家し、〈禅林寺殿〉を寺に改め、無関普門《むかんふもん》を開山として、〈龍《りょう》安山禅林禅寺《あんざんぜんりんぜんじ》〉と名付けたのが「南禅寺」の始まりとされている。

ではなぜ、亀山法皇は離宮を寺にしたのか。これには不思議な逸話が残されている。

母の御所と定めた離宮に、夜な夜な妖怪が現れ、法皇親子を悩ませた。困り果てた法皇は祈禱《きとう》師に託すものの、まったく効果はない。そこで「東福寺」の三世、僧の無関普門に依頼したところ、たちまちのうちに妖怪は姿を消したという。

法皇は無関普門に帰依し、自らも出家し、離宮を寺に改めたというわけだ。

離宮を寺にしたのだから、当然のことながら、当初は伽藍らしきものは何ひとつなく、長い時間をかけて寺としての形を整えていった。

そして鎌倉時代の末期になると、先に書いたように、京都五山の最上位にまで上り詰め、最盛期を迎えることとなる。「南禅寺」の黄金時代。その隆盛は室町時代に入っても続き、転換期を迎えるのは戦国時代。

多くの労苦によって造立された伽藍は、応仁の乱であっけなく焼失してしまう。これはただ「南禅寺」だけでなく、多くの寺社は応仁の乱によって焼失し、都は廃墟《はいきょ》同然と化した。

江戸期以降に復活、新たな顔を見せる

江戸期に入り、「南禅寺」は復活期を迎える。

江戸幕府は、応仁の乱で消失した京都の寺院の復興に力を注ぐ。三門が建ち、ようやく今の「南禅寺」ができ上がる。石川五右衛門が、絶景かなと言ったほど。……と言いたい

ところだが、実は時代が違う。これは完全な作り話なのだとか。

それはさておき、三門からの眺めはまさしく絶景。今の三門は、寛永期に、大坂夏の陣に倒れた家来の菩提《ぼだい》を弔うため、藤堂高虎《とうどうたかとら》が再建したもの。禅寺らしい力強さが特徴的。

形を整えた「南禅寺」が再び脚光を浴びるのは明治時代。

世紀の大事業、琵琶湖疏水は、地理的にこの寺を通り抜けることになる。おそらくは様々な議論があり、賛否両論だっただろうが、インクライン、水路閣《すいろかく》という近代的なモニュメントを残す寺となった。

とりわけ水路閣などは、アーチ型のレンガ造りという、およそ禅寺には不似合いと思われる建築だが、今となっては、これが「南禅寺」を特徴付ける、重要な施設となっている。

南禅寺別荘群という言葉も近年注目され、庭園と水、小川治兵衛《おがわじへえ》というキーワードは、琵琶湖疏水なくしては存在することのなかったもの。それを象徴するのが、水路閣であり、インクラインなのである。そしてその琵琶湖疏水の、京都における入口とも言えるのが「南禅寺」。

鎌倉時代。室町時代。戦国時代。江戸時代。明治時代。それぞれの時代によって「南禅寺」は異なった顔を見せ、様々な役割を果たしてきた。そしてここが寺となる切っ掛けは妖怪だったというのだから、京都の寺の愉しみは尽きない。

金閣寺と銀閣寺

正式名称はそれぞれ、「鹿苑寺《ろくおんじ》」と「慈照寺《じしょうじ》」。いずれも足利家ゆかりの寺である。元はどちらも別荘。リタイア後の居所として創建したものが、寺となったもの。両寺とも、金閣と銀閣という、あまりにもシンボリックな楼閣が有名となり、境内のその他に目を向けられていないのは、何とももったいない。楼閣以外に、いずれにも見どころはたくさんある。

どちらが先でも後でもいいのだが、できることなら、両方を続けて拝観することをお奨めする。両者を比較することで、その成り立ちがくっきりと浮かび上がるからである。先に創建された方に敬意を払い、まずは西の金閣寺から。

金色に輝く「金閣寺」

Map A 桜-1

歴史のイタズラで、「金閣寺」は生まれた!?

金閣寺の歴史は概ね三つに分けられる。最初は鎌倉時代、〈北山第《きたやまだい》〉の頃。

藤原公経《きんつね》がこの地に、〈北山第〉を造営したことから「金閣寺」の歴史が始まる。公経は〈北山第〉を供養し、これを「西園寺《さいおんじ》」という寺とした。北山にあるが、御所から見れば西方。西の園の寺、という意を込めたのだろう。これに伴って公経は〈西園寺〉を号するようになり、西園寺公経を名乗るようになる。

公経はその後、源頼朝の姪である全子《ぜんし》を妻とし、鎌倉幕府と緊密な関係を築くに至る。西園寺家は御所との繋がりをも深め、やがて北山第から御所近くに移り住む。それが今の「白雲《しらくも》神社」。京都御苑内にある。

余話ではあるが、西園寺家はこの「白雲神社」近くで私塾を開き、それが後の立命館になる。そしてその立命館大学は、「金閣寺」の傍に〈衣笠キャンパス〉を開くのだから、何とも因縁めいている。

話を元に戻すと、西園寺家はいっとき隆盛を誇るものの、北条氏と手を結び、謀反《むほん》を謀ったとして処刑され、〈北山第〉は荒廃の一途を辿った。

その〈北山第〉に目を付けたのが、室町幕府三代将軍、足利義満。荒れ果ててはいるものの、御所からも程よい距離にあって、別荘とするには格好の広さと佇まいを持つ〈北山第〉。西園寺家からここを譲り受け、別荘兼会所として定め、〈北山殿〉と名付けた。これがふたつめ。

この〈北山殿〉の造営にあたっては、諸大名が総動員され、それぞれの地から景石が運ばれ、銘木も惜しみなく使われた。

別荘とは言いながら、政《まつりごと》の場としても活用した。義満の権力は高まる一方で、〈北山殿〉は隆盛を誇ったが、義満の死後、あっという間に衰退し、翌年には建物のほとんどが壊され、或いは他の寺院へと移築され、〈護摩堂《ごまどう》〉と〈舎利殿《しゃりでん》〉だけが残った。

〈北山殿〉を禅寺にせよ。――義満のそんな遺言にしたがって、夢窓疎石《むそうそせき》を開山とし、「鹿苑寺」が開かれる。ちなみに〈鹿苑〉は、義満の法名〈鹿苑院太上天皇《だじょう》〉に由来する。

こうして今の「金閣寺」が作られていくわけだが、もしも西園寺家が〈北山第〉に固執していたら、今の「金閣寺」は存在しなかっただろうと思われる。或いは、西園寺家が北条家と手を結ばなかったとすれば、西園寺家は権力をほしいままにし、〈北山第〉を異なった形で造営したかもしれない。

歴史にタラレバは禁物と言われるが、タラレバこそが、今の姿を愉しむ最大のコツだとも言える。

見逃すともったいない、金閣寺の周辺の名所

ざっとこんな歴史的経過を頭に入れてから「金閣寺」に向かいたい。そして実際に足を踏み入れたら、金閣だけに目を奪われることなく、周囲もしっかりと見ておきたい。

西大路通から「金閣寺」へ向かう道筋には土産物屋が並び、歩道が狭いことも相まって、情緒に欠けることは否めない。素早く通り抜け、参道へと急ぐ。

〈総門〉を潜って、最初に目に入ってくるのは左側に建つ〈鐘楼〉。釣られた鐘は鎌倉期の作と言われる。西園寺家の家紋である〈巴紋《ともえもん》〉が下部に配され、美しい装飾を施された鐘。まずはここで、「金閣寺」と西園寺家の結び付きをたしかめておく。

〈鐘楼〉の向かい側には、ちょっと変わった形の石が置かれている。これが〈舟形石《ふなかたいし》〉。小舟のような形状の石は〈一文字《いちもんじ》手水鉢《ちょうずばち》〉とも称され、元は馬に水を飲ませる水槽だったと推測される。はて馬上の人は誰だったのか。そんなことに思いを馳せるのも一興。

拝観受付を済ませ、いよいよ寺内へと入る。最初に通るのが〈方丈〉。ここの庭園が非公開とされているのは残念だが、北側の庭園に植わる〈陸舟《りくしゅう》の松〉は是非とも見ておきたい。

俗に〈京都三松〉と呼ばれる松の木がある。

洛北大原の「宝泉院《ほうせんいん》」に植わる〈五葉《ごよう》の松〉。洛西「善峯寺《よしみねでら》」の〈遊龍《ゆうりゅう》の松〉。そしてこの〈陸舟の松〉。

高く張った帆に風を受け、舟の舳先《へさき》を西に向けるように刈り込まれている。つまりは西方に建つ〈金閣〉を西方浄土に喩え、そこに向けて漕ぎ出す様を象徴しているというわけだ。先を急ぐあまり、この名松を見逃す人が多いのはまことに残念。

〈金閣〉すなわち仏舎利を安置する舎利殿については、多く語られているので詳細は省くが、三層構造の楼閣は、下から寝殿造、二層目は書院造、三層目は禅宗様《ぜんしゅうよう》、と異なった建築様式で建てられていることはたしかめておきたい。

昭和二十五年（一九五〇年）に、放火によって消失し、五年後に再建されたことは小説にもなった。かつて義満が造営したときには、どんな姿の金閣だったのか、それにも思いを馳せてみたい。

金閣が浮かぶ〈鏡湖池《きょうこち》〉。ここで目に留めておきたいのは名石。先に書いたように、諸国の大名から献上させた石が〈鏡湖池〉に配されている。

細川氏の細川石、畠山氏の畠山石、赤松氏の赤松石など、池に浮かぶ石は当時と同じ姿。

大名たちは何を思い、どんな意図を持ってこの石を捧《ささ》げたのか。そして義満はそれをどう受け止めたのか。石があれこれと語りかけてくる。

元は山荘だったから、傾斜地に広がる境内は実に広い。金閣寺庭園は三万坪近い敷地を有する。隅々まで歩き回るだけでもひと苦労。ゆっくり観れば半日は必要だ。

つい長くなってしまった。あとひとつだけ見どころを紹介して、「銀閣寺」へ移ろう。〈鏡湖池〉から、もうひとつの池〈安民沢《あんみんたく》〉へと至る途上、石段の両脇に作られた垣根を見ておく。

石段を上りながら、左右の垣根をよく見てみよう。普通、垣根というものは、両側を同じ編み方で統一するのだが、ここは左右不統一になっている。この両側の垣根を合わせて〈金閣寺垣〉と呼んでいる。これを頭に残しておいて、「銀閣寺」のそれと比較してみたい。

粋人、義政の思いのこもった「銀閣寺」

Map A　桜-3　紅葉-3

金閣と銀閣、意外な因縁

正式名称は「東山慈照寺」。かつて「浄土寺」が建っていたところであり、八代将軍義政が、「浄土寺」の跡地に建てた〈東山殿〉を起源とする寺である。

「慈照寺」の名は、「鹿苑寺」と同じく、義政の没後、義政の法号〈慈照院〉にちなんだもの。

三代将軍義満が〈金閣〉、時代が下って八代将軍義政が〈銀閣〉。ともに権力の象徴として、建立した遺構でもある。似ているようでもあり、まるで別物にも思える。その辺りが、続けて拝観するとよく分かる。

共通点がもうひとつ。ともに臨済宗相国寺派の山外塔頭。つまりは禅寺。

更にもうひとつ。造営にあたって、有力守護大名や他の有力寺院から、名石や銘木などを強引に献上させたことも、義満、義政に共通する。

では異なる点はどこか。

大きくひとつ。義満が建立した「鹿苑寺」は、元々の〈北山第〉があったが、義政が建てた「慈照寺」は更地に一から造り上げたもの。そこが大きく異なる。そして義政には手本とするべき寺があった。

それが「西芳寺《さいほうじ》」。

「天龍寺」の山外塔頭である「西芳寺」は、苔寺《こけでら》の名で知られ、開山は行基上人だが、中興開山は夢窓疎石と言われている。

違っているようでいて、またここで、三代将軍義満と、八代将軍義政の類似点が出てくる。義満も「金閣寺」を造るにあたって、「西芳寺」を模したのである。

必然か、それとも偶然か。もしくは血統がそうさせたのか。「金閣寺」も「銀閣寺」も「西芳寺」を手本として建立された。そして義政には更なる願いがここに加わった。

義政は何度も庭園を訪れ、絶賛した。豪雨の中でも、極寒の日であっても、「西芳寺」通いは続いた。そしてその庭をひと目、母重子《しげこ》に見せたいと願うに至る。

しかしながら当時の「西芳寺」は女人禁制。たとえ将軍の母といえども、その掟《おきて》を破るわけにはいかなかった。

そこで義政は、御所に程近い母の住まい〈高倉殿〉に「西芳寺」の庭園を再現したのだ。その〈高倉殿〉にあった〈攬秀亭《らんしゅうてい》〉を改修し、移築したものが今の〈銀閣〉、すなわち〈観音殿〉である。重子が没した後も、義政は母を慕い、「西芳寺」への憧れを「銀閣寺」に表した。

〝月〟を取り入れた、義政の美意識

そんな経過を胸の内で辿りながら、「銀閣寺」へと向かう。

門前町の賑わいを抜け、脇に潜戸《くけど》が付いた薬医門《やくいもん》形式（鎌倉時代の建築）の〈総門〉を潜る。

そこから〈中門〉へと続く矩形《くけい》の参道には、背の高い植栽が続き、下は石垣になっている。この左手、すなわち東側の植え込みには竹垣が施され、これを〈銀閣寺垣〉と呼んでいる。右手、西側には竹垣がなく、非対称のそれは、どことなく〈金閣寺垣〉に通じるものがある。

受付を通って境内へと通じる〈中門〉も薬医門の形をとる。

〈中門〉の正面には、唐破風《からはふ》屋根を持つ〈唐門《からもん》〉が見え、その窓越しに〈銀沙灘《ぎんしゃだん》〉が顔を覗かせている。

〈銀沙灘〉とその横に並ぶ〈向月台《こうげつだい》〉は謎に満ちた意匠で、その意図を解く説には様々ある。概ね共通しているのは、月をテーマとしているということ。

〈向月台〉はこの上に座って月を待った、ともいわれ、〈銀沙灘〉は月の光を反射させ〈銀閣〉にまで届かせようとした、などといわれている。諸説はともかくとして、この大胆、かつ斬新なデザインは他に例を見ない。

そして〈銀閣〉。国宝にも指定されている〈観音殿〉は、〈金閣〉の三層に対して、こちらは二層で構成されている。
〈心空殿《しんくうでん》〉と呼ばれる下層は住宅風建築様式、〈潮音閣《ちょうおんかく》〉と名付けられた上層は禅宗仏殿風建築。〈金閣〉に比べて簡素な造りであることから〈銀閣〉と呼ばれるようになったのではないかという説もある。

この〈観音殿〉〈向月台〉〈銀沙灘〉を中心とする〈錦鏡池《きんきょうち》〉周辺の庭は、池泉回遊式庭園となるが、ここから一段高い場所には〈漱蘚亭《そうせんてい》〉跡の石組みで構成された上段の庭園がある。

上下二段の庭園。これもまた「西芳寺」に倣ったのだろう。何から何まで「西芳寺」に倣う。義政は義満以上に「西芳寺」に憧れていたに違いない。〈観音殿〉は当初、「西芳寺」と同じく〈瑠璃《るり》殿〉と呼ばれていたほどである。

良く言えば粋人《すいじん》。浮世離れした義政が全精力を傾け、自らの美意識の結集として造営した「銀閣寺」だが、その完成を見ることなくこの世を去ったのは、まことにもって無念だっただろう。

金と銀。三代と八代。それぞれの将軍が思いを込めた楼閣。その優美な姿に何を重ねようとしたのか。そう思いながら見上げると、また新たな感懐がある。

時の為政者は孤独。巷間《こうかん》よく言われることだが、きっとそれを紛らわす意もあったに違いない。ひとたび天下を取れば、後は追われるのみ。せめて楼閣なりとも我が意のままに永遠たれ、そんな思いが〈金閣〉と〈銀閣〉に見てとれる。

上賀茂神社と下鴨神社――ふたつの世界遺産

ふたつの寺を続けて観たように、ふたつの神社を歩いて辿る。ここも並べることで、そのあり様がよく分かる。

「**上賀茂神社**」と「**下鴨神社**」。どちらも世界遺産に指定されている。

賀茂氏一族の祭社として、天武《てんむ》天皇の頃、六七八年に建立された「賀茂別雷《かもわけいかづち》神社」。これが「上賀茂神社」。そして八世紀の中頃に分祀して「賀茂御祖《みおや》神社」を造った。これが「下鴨神社」。その名の通り、後からできたのだが、下社の祭神が親ということになる。

「上賀茂神社」の祭神は賀茂別雷大神。社の背後に控える神山に降臨したと言われる。

両社は平安京以前から有力な社だったが、平安遷都以来、その方角が御所の東北に当たることから、鬼門を護る王城鎮護の社として、更に権勢を誇るようになる。

賀茂と鴨。字は異なるものの、いずれも賀茂氏一族のことを表している。

賀茂氏一族とは何者かと言えば、国産の豪族、という言い方もおかしいかもしれないが、渡来民族ではないという意である。

『山城国風土記』では、

――賀茂建角身命は、日向に降臨し、大和国葛城を経て、山城岡田から、更に北上し、賀茂社（上賀茂神社・下鴨神社）あたりに辿り着き定住した――とある。

つまりは宮崎から奈良を経て、京都の上賀茂、下鴨界隈に住み着いた一族。

京都は、平安京を中心として、右京と左京に分かれ、元々湿地帯だった右京は、定住するのに適しておらず、衰退の一途を辿った。そのために別荘地となったことから、嵯峨野や金閣寺ができたとも言えるのだが。

賀茂氏一族が居を構えた左京は水はけもよく、住まいを構えるのに格好の場所だった。出雲からやって来た出雲氏一族も、同じ辺りに住み着き、今も賀茂川沿いには出雲路という地名が残る。

歌舞伎の創始者とも言われる出雲阿国《いずものおくに》も、この界隈の寺に住み、賀茂川堤を四条河原まで下っていき、そこでカブキ踊りを披露したという。その場所には出雲阿国の像が建ち、すぐ傍にある「南座」では師走になると〈歳末吉例顔見世興行《さいまつきちれいかおみせこうぎょう》〉が行われる。すべてがこうして、一本の線で繋がるのが京都という街。

この賀茂氏一族としばしば比較されるのが秦氏《はたうじ》一族。こちらは渡来民族。新羅《しらぎ》から渡来したとされる秦氏一族は、逆に湿地帯である右京の太秦《うずまさ》に住み着き、治水事業に取り組み、見事に成功させる。頻繁に氾濫を引き起こしていた桂川にダムを造り（葛野《かどの》大堰《おおい》）、養蚕や機織りの技術を広め、殖産事業から豪族への道を辿っていく。賀茂氏や出雲氏らが農耕系なら、秦氏は狩猟系とも言える、開拓者なのである。

そのとき、堰によって造られた水路は、一の井、二の井と呼ばれ、今も松尾大社の境内を通っているといい、その功績は大きい。

秦氏が本拠を築いた場所は、映画村で知られる右京区の太秦。この地名はもちろん秦氏に由来する。

この秦氏と賀茂氏はどういう関係だったのか。それを推測しながら、上賀茂、下鴨の両社を辿ってみるのも面白い。

そこここに神々が息づく「上賀茂神社」

Map A　紅葉-2

「上賀茂神社」へ通じる路は幾筋もあるが、王道となれば御《み》薗橋《そのばし》を渡って、となる。〈葵《あおい》祭《まつり》〉の祭礼の列も最後にこの橋を渡って「上賀茂神社」へと進む。

バスターミナルの前に建つのが〈一ノ鳥居〉。これを潜って表参道へと進む。〈葵祭〉のヒロインである斎王代《さいおうだい》も、〈一ノ鳥居〉で腰輿《およよ》を下り、ここからは歩いて参進する。

〈二ノ鳥居〉に向かって真っ直ぐ延びる参道は、白砂の道で、両側には青々とした芝生が広がる。

右手に〈御所舎〉、左手に〈神馬舎《じんめしや》〉を見て〈二ノ鳥居〉を潜れば、正面に「上賀茂神社」のシンボル的存在の〈立砂《たてずな》〉が見える。

とその前に、〈二ノ鳥居〉をよく見れば、参道と正対せず、斜めに建てられていることに気付く。真っ直ぐに見通せたのでは、神さまに失礼だということなのだろう。こうして神性を高める。

さて〈立砂〉。〈細殿《ほそどの》〉の前に盛られた、円錐形のふたつの砂山。これは祭神が降臨した神山を象ったものと言われ、祭神の依代《よりしろ》となっている。そしてこの砂が、地鎮祭の際や、鬼門に撒《ま》く砂の起源とも言われている。清め、祓《はら》いの砂だが、元は砂ではなく松の木だったと言われる。

その名残とも言えるのが〈立砂〉の頂に立てられた松葉。

古くから人々は神山に登って祭祀を行ってきたが、やがて里に迎えて行うようになり、その際に山から松の木を引いてきて、神を迎えた。それがいつしか松葉に代わり、目印として砂を盛るようになったという。

更にそれをよく見れば、向かって左のそれは三葉の松葉、右は二葉の松葉になっている。俗に三鈷《さんこ》の松と呼ばれる木が境内にあり、奇数と偶数を合わせることで、陰陽道でいう神の出現に繋げるという意味を持つ。

そしてこれを起源として、正月の松飾り、門松が始まったとされるのだから、何とも奥深い話。

ちなみに京都の旧家をはじめとする昔からの家では、派手な門松ではなく、雌雄の根引きの松だけを玄関に飾るが、これは先の伝承に由来するもので、神山から引き抜いてきた松を象徴している。

まだ、ほんの入口だというのに、こんな逸話を間近に感じられる。これが世界遺産たる所以だろう。

ここから先の境内を歩くと、幾つもの小さな橋が架かっていることに気付く。これは

「上賀茂神社」の〈本宮《ほんぐう》〉が、御手洗川《みたらしがわ》と御物忌川《おものいがわ》という、ふたつの小川の三角州に建っているからで、この川の流れは、祭礼をはじめとして、様々な場面で祓い、禊《みそぎ》という重要な役目を果たすことになる。このことも必ず頭に留めておき、「下鴨神社」を参拝する際に思い出して欲しい。

さて、いよいよ〈本宮〉へと向かう。〈細殿〉の奥から〈禰宜橋《ねぎばし》〉を渡り、朱塗りの〈玉橋〉から〈楼門〉へと辿る道筋が一般的だが、〈橋本社《はしもとしゃ》〉の傍に架かる〈樟橋《くすのきばし》〉を渡る道筋もお奨めしたい。

一見すると、二体の矩形の石が渡されているように見えるが、これは楠の木の化石だそうだ。楠の木は長寿の象徴ともされ、この橋を渡ると長生きできると伝わり、それゆえ〈長寿橋〉とも呼ばれている。長寿希望の方は是非ともこの橋を。

これより先の〈本宮〉にも多くの見どころがある。じっくりと参拝したい。

時代を遡る愉しさがある「下鴨神社」

Map A　Map F　桜-2　紅葉-2

「上賀茂神社」から「**下鴨神社**」へ。直線距離にして三キロほど。小一時間もあれば歩ける距離。賀茂川堤をのんびり歩いて移動したい。世界遺産から世界遺産への散歩。そうそうあるものではない。

「下鴨神社」へは下鴨本通から直接〈本宮〉へ向かう道筋もあるが、できることなら御蔭《みかげ》通《どおり》の表参道から糺《ただす》の森を抜けて参拝したい。

賀茂川堤からなら、出町橋の東畔から北へ上り、御蔭通を渡って表参道を真っ直ぐ進む道筋がお奨め。

「下鴨神社」の社叢林《しやそうりん》である糺の森は、賀茂川と高野川が合流する三角州にある。ふたつの川の三角州。「上賀茂神社」と同じである。

「下鴨神社」の多くの社殿は〈本宮〉の中に建つが、「河合《かわい》神社」や「相生社《あいおいしや》」などは糺の森の中にある。まずは「河合神社」を参拝。

表参道から〈紅葉橋《もみじばし》〉を渡り、東鳥居を潜る。四脚門から入ると、正面に〈拝殿〉が見え、右手には復元された〈方丈〉の姿が目に入る。

——石川や　瀬見の小川の　清ければ　月も流れを　たづねてやすむ——

『新古今和歌集』にある鴨長明の歌。瀬見の小川とは、まさしく今〈紅葉橋〉を渡って来た、あの小さな流れである。

——行く川のながれは絶えずして、しかももとの水にあらず。よどみに浮ぶうたかたは、かつ消えかつ結びて久しくとゞまることなし——

鴨長明が著した『方丈記』の冒頭は、多くが諳《そら》んじることができるのではなかろうか。飢饉《ききん》や天災など、世の無常、身の回りに起こる諸事を綴《つづ》った随筆は、この〈方丈〉と名付けられた草庵《そうあん》で書かれたと言われる。

「河合神社」での参拝を済ませたら、表参道へと戻る。南口鳥居の手前には平安期の流れがそのまま残り、往時を偲ばせる。

朱の鳥居を潜ると左手に〈相生社〉が見え、その横にはご神木が植わっている。これが〈連理《れんり》の賢木《さかき》〉。縁結びに絶大なご利益があるとして、若い女性を中心に人気を呼んでいる。三本の幹が生えているが、そのうちの二本の幹が途中からひとつに結ばれ、それを夫婦に見立て、残りの一本を子供の木とする。〈御生曳《あれびき》の綱《つな》〉が二本結び付けられ、これを曳いて願えば、縁が結ばれ、或いは子宝に恵まれるとされる。

〈楼門〉を潜り中に入ると、正面に〈舞殿《まいどの》〉が建っている。葵祭のときには天皇の勅使が御祭文を奏上し、舞楽が奉納される重要な場所。

その御祭文は紅紙に書かれるが、天皇の勅使を迎える全国十六社の中で紅紙は、「上賀茂神社」とここだけ。ちなみに「伊勢神宮」はただ一社、縹色《はなだいろ》と決められているといい、京都の二社がいかに特別な存在かということが分かる。

御手洗池から流れる御手洗川、そこに架かる〈輪橋《そりはし》〉と、その下流に建つ〈橋殿《はしどの》〉が、この「下鴨神社」のあり様を最もよく表している。

第五章で詳述する〈足つけ神事〉が行われる〈御手洗池〉は、門前菓子とされる、みたらし団子発祥の地でもある。

後醍醐天皇行幸の折、この御手洗池で水を掬《すく》おうとすると、最初にひとつ大きな泡が出、その後四つの泡が出てきた。この泡に倣い、串の先にひとつ、間を空け、四つの団子を刺す。池の名前を取って〈御手洗団子〉とされた。

そして〈輪橋〉の畔に植わる紅梅は、かの尾形光琳《おがたこうりん》が紅白梅図屛風に描いた梅の木のモデルとされ、〈光琳の梅〉と呼ばれている。

こんな話を頭に浮かべて〈御手洗池〉を見ると、また異なる感懐が得られる。

〈中門〉から中に入ると、少しく他の社と異なることに気付く。それは〈言社《ことしゃ》〉の存在による。

他の社でいう拝殿にあたる〈幣殿《へいでん》〉の前に、七つの小さな末社があり、それは七つの名を持つ大国主命《おおくにぬしのみこと》を祀っているのだが、それぞれ十二支を守護する神としても祀られている。

〈一言社〉〈二言社〉〈三言社〉とあり、たとえば僕の干支である辰は、本殿に向かって左にある〈三言社〉の中の八千矛神《やちほこのかみ》を祀る社。初詣に行っても、家族それぞれが別々の社に向かって祈るのは、ちょっと珍しい光景。

糺の森を含めた広い境内は、原始の姿を留めるところもあり、他の神社とは趣きを異にする。おそらく賀茂氏が居を定めた頃は、こんな杜が広がっていたのだろう。

「上賀茂神社」から「下鴨神社」へ。それは葵祭の行列が辿るのと逆の方向。『源氏物語』にも登場する祭が今も連綿と続く京都。**時代を遡る愉しみも京都旅の一興。ただ世界遺産を巡るだけでなく、京都の歴史をも巡ってみたい。**

第二章

京都の食の定番

正しい京都の食とは――「京」と名の付く店には注意

Map C　Map D　Map E

京都といって、必ず引き合いに出されるのが食。京都は美味《おい》しい街だという結論ありきで話が進んでいく。どんな食が出てきても、さすが京都、となる。

たとえそれが全国にチェーン展開している店のひとつであっても、京都という街を背景にすると、いかにも京都らしい味わいに感じられるようだ。

そう思う人がいたとしても一向にかまわないのだが、メディアやブロガーがこれを京都らしい店として喧伝《けんでん》し、それが広く伝わっていくことは憂慮せざるを得ない。

いつも言うことだが、**〈京都を居場所とする店〉**と**〈京都の店〉**とは**根本的に意味合いが異なる。**

前者はたまたま、或いは意図して京都に店を構えたのであって、そこが京都の食の伝統を受け継ぎ、正しく京都の食を供しているとは限らない。もちろんそういう店があることを否定するものではなく、京都に住まう者としては、食のバリエーションが増えて、ありがたいことでもある。祇園花見小路に暖簾《のれん》をあげる「**鮨まつもと**」のように、京都に江戸前鮨を持ち込んだ店などがその典型だが、東京まで行かずとも真っ当な江戸前鮨が食べられるのだから嬉しい限り。多くの京都人が喜んで足を運ぶことになる。

しかしそこが、たとえば店名に〈京〉と冠をつけるとなると話は別。近年、他の地から移転してきて〈京〉と付けた店に、真の京都はない。逆に、ついていたら、きっと都人は敬して遠ざけるようになるだろう。これは、京都を旅する人にとって、正しい京都の店を判別するのに大事な要素ともなる。

千二百年を優に超える都、京都には、日本中からたくさんの人が集まってきて店を開いた。それでこそ、今日のような世界に冠たる美食の街が生まれたのだから、それ自体は歓迎すべきであって、排除する必要は一切ない。

大切なのは、その店のあり様で、どんな料理を出し、どういう店の名を付けるか、どのような設えで客を迎えるのか、である。

たとえば「**本家《ほんけ》尾張屋《おわりや》**」。京都を代表する蕎麦《そば》の名店。応仁の乱の二年前に、尾張国から菓子屋として京都へとやって来て、やがて江戸時代中期になって蕎麦屋となり、今に至っている。創業以来五百四十年以上の長い歴史を持つ京の老舗だが、この間ずっと〈尾張〉を屋号に冠し続け、そこに〈京〉の一文字を加えることなど一度もなかった。

或いは錦市場近くに店を構える「**近又《きんまた》**」。懐石料理で知られる店だが、享和《きょうわ》元年（一八〇一年）の創業時は「近江屋」だったといい、その後、初代近江屋又八の名を取り、「近又」と屋号を改め、長く守り続けている。近江、すなわちお隣の滋賀県から京都にやって来て、店を開くケースは少なくない。そのほとんどが店名に〈近江〉の二文字、もしくは一部をつけているのは、真っ当な店の徴《しるし》と考えていい。

同じく滋賀を出自とするのが、京団扇《うちわ》の老舗として知られる「**阿以波**《あいば》」。元禄二年（一六八九年）創業と伝わるこの店の屋号「阿以波」は、初代創業者の出身地、近江の饗庭《あいば》に由来する。

これらはほんの一例だが、地方から京都へ出て来ても、故郷を忘れることなく、誇りを持って地名を店の名としている。なればこそ都人もこれらを歓迎し、敬うこととなる。

近年、地方から京都に店を移したところに欠けているのはここである。出身地に誇りを持つどころか、京の街のブランドに頼ろうとして、店名に〈京〉を冠する。まるで古くから京都にあったかのようにして。

繰り返しになるが、そういう店があったとしても何も問題はない。ただ、そこを京都を代表する店として紹介するメディアの側に問題がある。

せっかく京都を訪れたなら、正しく京都の食の歴史を受け継ぎ、それを守りつつ進化させる店で食べて欲しいと願う。

ただ美味しい料理を出す、というだけなら東京をはじめ、日本にはいくらでも名店がある。京町家を改造し、京都らしい設えをし、屋号をはじめ、店中に〈京〉を溢《あふ》れさせることなど容易《たやす》いことだ。

それらに惑わされることなく、真っ当な店を選んでいただきたい。

京料理とは何か？ 和食とは？

世界無形文化遺産に和食が登録され、俄に和食が脚光を浴びることになり、その中核を担うのは間違いなく京都である。料亭、割烹入り乱れ、京の街には和食の名店がひしめいている。分けても割烹は近年その人気が高まる一方で、半年も一年も先の予約を取ることすら難しいと言われる店が、京都には何軒もある。もっとも、その多くは、東京をはじめとする遠来客で、せっかちな京都人は、そんな先まで待てないのではあるが。

それはさておき、漠然と和食という言葉を使っているが、その定義はと言えば、曖昧模糊としていて、人によって大きく見解が異なる。

日本で生まれた料理はすべて和食と呼び、つまりはカレーライスもトンカツも、ラーメン、たこ焼きなども含む。そういう見解を述べる料理人もいれば、一汁三菜《いちじゅうさんさい》を基本として、米飯と惣菜を中心にした家庭料理と、おせち料理に代表される、古くから伝わる伝統的な行事食を和食という。そう定義する民俗学者もいる。

和食ですら、そうなのだから、京料理となれば、更に大きく見解を異にする。僕から見れば京料理どころか、日本料理という範疇《はんちゅう》から大きく外れた料理を出す店であっても、京料理を旗印にし、メディアもまた京料理の名店として紹介する。和食、日本料理、京料理。それぞれに異なるものであり、きちんと分けるべきだと思うのだが、雰囲気で一括《ひとくく》りにされているのは、至極残念である。

時とともに、言葉の意は変わっていくものであり、加えて和食という言葉自体がさほどの歴史を持たないから、和食については曖昧なままでもいいとして、日本料理、京料理はある程度の定義付けをしておいた方がいいだろう。

たとえば『大辞林』では、日本料理を——日本で発達した伝統的な料理の総称。魚介・野菜・乾物などを、醬油・砂糖・酢などで調味した淡泊なものが多い——としている。

ここで注目したいのは、肉類が入っていないことである。無論これは、ただひとつの辞書の見解ではあるが、味も淡泊とし、かなり狭い範囲で定義付けをしていて、漠然と思い浮かべる日本料理はこれに近いように思える。僕の考えでは、この定義にある日本料理と、先に書いた民俗学者の和食に対する見解を合わせたものが、世界無形文化遺産として登録されるにふさわしいと思っている。カレーライスもラーメンもトンカツも大好きだが、それを世界無形文化遺産の範疇に入れていいか、となると大いに疑問である。

広い範囲で言う和食の中に日本料理があり、その中に京料理がある。そこまで話を進めて、その先が少々厄介である。京料理とは何か。

学術的に定義するのは難しいだろうが、原型となったのが有職《ゆうそく》料理であることは間違いない。有職、すなわち朝廷や武家の官職、典礼に関する知識。言い換えれば、高貴な人々の儀式に則《のっと》った料理、ということになる。

雅な平安のイメージに厳かな形式を加味したもの。これが京料理の原型で、これを骨格として、様々な料理形式が肉付けされていった。

その第一が寺方の精進料理。寺院を多く擁する京の都では、町方にも少なからぬ影響を及ぼし、生臭いものを排し、豆腐や野菜、湯葉《ゆば》、麩《ふ》などを食材の中心に据えた。

第二に懐石料理。これももとを正せば、禅僧が空腹を満たすために、懐に温めた石を忍ばせたことから始まったもの。精進料理の変形とみなすこともできる。一汁三菜を旨とし、華美を嫌う茶の湯の懐石料理は、有職料理、精進料理とも相まって、日本料理ならではの美意識を如実に体現するものとなる。

これで概ね、京料理というものが形作られたのだが、更にここに外来料理が加わることで、幅が広がり、厚みも増したと言える。

唐風の卓袱《しっぽく》料理、或いは欧風料理までをも巧みに取り入れることで、今日、いわゆる京料理というものができ上がった。

日々変化を遂げる京料理。この外来料理の取り込みという点では、いささか度が過ぎているようにも思える。やれフォアグラだ、フカヒレだ、キャビアだ、トリュフだと、高級食材を多用する店が少なくない。京料理の原点は、簡素な茶懐石や、限られた食材を駆使する精進料理にあったことを忘れてはなるまい。

概ね、京料理というのはそういうものであるとした上で、次に、ではそれをどんな店で食べるかという問題が出てくる。

大きく分ければ、料亭と割烹。京料理を出す店はこの二種類に分けることができる。

京ならではの料亭、割烹、懐石

料亭と割烹――「祇園丸山」と「草喰なかひがし」の場合

Map A　Map C

五感でいかに〈奥行き〉を感じさせるか

今から三十年近くも前だろうか、バブル景気華やかなりし頃、京都とて例外ではなく、街中のいたる所に奇妙奇天烈《きてれつ》なビルが建ち並んだ。多く京都市民が眉を顰《ひそ》める中、「若手」「気鋭」「新進」と、建築評論家の絶賛を受け、飛ぶ鳥を落とすが如くの勢いを得た「新建築」だったが、一部の優れたるを残し、雲散霧消した。

全国美食家たちの憧れとも言える、京都のカウンター割烹に、往時のバブル建築が重なる。若手の料理人が独立を果たして、或いは地元を捨てて、連日のように、開店祝いの花が並ぶ京都の街。祇園バブルとも呼ぶべきカウンター割烹はまさに玉石混淆。今から三十年後、はたして何軒残っているだろうかと憂う。

京の都がバブル景気に浮き足立っていた、ちょうどその頃、祇園町南側、秘めやかな街に、どっしりと根を下ろしたのが「**祇園丸山**《ぎおんまるやま》」。主人の丸山嘉桜、三十八歳のことである。まだ若いとは言え、十八歳で京料理の世界に飛び込んでから既に二十年近くが経っていた。

この間、名だたる料亭で修業を重ね、茶道、華道をはじめ、あらゆる日本文化を学び、研《けん》鑽《さん》を積み、満を持して、の独立開業だった。

老舗料亭の料理を昇華させ、しかしハードルを低くした店は当然のごとく人気を集め、〈京都に「祇園丸山」あり〉と、全国にその名が轟《とどろ》いた。だがそれだけで終わらないのが名店の名店たる所以。

「祇園丸山」の開業から十年を経て、建築や設えに、より一層磨きをかけるべく、本店の程近くに「建仁寺 祇園丸山」と名付けた料亭を開いた。

三軒の町家を合わせた造りの店は、玄関を潜って座敷に入り、席に着くまで、茶室をも思わせる数寄の造作が続き、華やかなプレリュードに期待が膨らむ。

二軒のうち、どちらを訪ねたとしても、京都の料亭のあるべき姿をうかがい知ることができる。百年を優に超えるような歴史ある老舗料亭もいいが、まずはこの「祇園丸山」で食事をすることが、京都の料亭を知るアプローチとなる。

基本的に料亭というものは、客の目の前で料理を作ることなく、厨房ででき上がった料理を仲居が運んできて、客はそれを座敷で食べるというスタイルである。料理だけでなく、座敷という空間のすべてを愉しむことを旨とするもので、したがって玄関を潜ってから部屋に案内され、食事を終えて帰るまでの間に展開する、様々な趣向を含めて愉しむべきなのが、料亭という施設なのである。

「祇園丸山」を名店たらしめている大きな要素、それは茶席にも通じる〈奥行き〉である。

露地があり、庭があり、床の間のある部屋があり、その箇所ごとに趣向がある。

たとえば夏の設え。〈五山の送り火〉にちなんだ床飾りは、祖に対する礼、感謝を表すもの。客はそれを目の当たりにして、今宵の料理に思いを馳せる。豊かな感性、繊細な神経によって組み立てられる一席の宴を愉しむには、客の側も五感をフルに使い、第六感をも働かせねばならない。

今を盛りとする人気のカウンター割烹に足りないのは、この〈想像力〉だ。ただただ〈美味しい〉だけなら京都でなくともいいだろう。**場所もあり様も〈京〉にこだわるのなら、食のみならず、設え、趣向にも心を砕き、食事を通して、京都の〈奥行き〉を感じさせて欲しいと切に願う。**

名店にあるのは「創造力」

その規範として、優れて名店と呼べるのが、「祇園丸山」ともう一軒、「**草喰《そうじき》なかひが**

し」だ。こちらは割烹スタイル。つまりは客の目の前で料理が作られ、その様子をつぶさに見ながら食事を愉しむというスタイル。

「祇園丸山」の開店から約十年が経った平成九年（一九九七年）四月。祇園からはるか北、市街地の北はずれとも言える銀閣寺畔に、民家然とした店を構えた「草喰なかひがし」もまた、その設え、趣向に深遠なる〈奥行き〉を感じさせる。だがそこに漂う空気は大きく異なり、つまり**「祇園丸山」が艶やかな〈雅《みやび》〉であるのに対して、「草喰なかひがし」のそれはあくまで、伸びやかな〈鄙《ひな》〉**なのである。

主人、中東久雄の口上とともに、食事の最初に出される八寸。これを前にし、口に運び、山深い洛北の里から吹いて来る風を感じない客はひとりとしていない。

緑濃き山道を歩き、鳥のさえずりを耳に、木漏れ日を浴び、湧き水に喉を潤す心地よさを思わせるのがこの店の身上。京都は雅な都であると同時に、山深い鄙の里であることを改めて教えてくれる料理は、都からはるか北、花背の里で生まれ育った主人だから叶うもの。開店して早二十年近くが経つ。この間、店を開く日は毎朝欠かさず山へ分け入り、草を、花を摘み、畑にも足を運び、野菜を収穫するという。

今でこそ、畑に入り込む料理人の姿は珍しくはないが、その嚆矢《こうし》と呼ぶべきは中東久雄であることに誰も異を唱えない。と同じく、カウンターの中に竈《かまど》を据える、或いは客の目の前の羽釜《はがま》でご飯を炊く、というスタイルはすべてこの店が最初である。

名店の要諦として欠かせないのがこの〈創造力〉。追従ではなく、新たな道を開くことも、名店の大事な要素。その意味では、座敷に椅子とテーブルを持ち込んだり、縁側や庭先で炭火を駆使する手法を編み出した「祇園丸山」もまた同じ先駆者である。

長い歴史を誇る京都の街は、〈伝統〉を重んじることで知られるが、一方で〈革新〉を受け入れる懐の深さも併せ持っている。しかしそれは、たしかな技や強固な信念に裏打ちされたものに限って、の話。わずかな修業期間や、縁なき地での店開きは、ひとときの脚光を浴びたとしても、しっかりと長く根付くのは難しいことだろう。

座敷を含めた広い空間を持つ料亭は、露地や庭、床の間をフルに使って季節や土地柄を表現する。店の内露地に置かれた氷柱、床の間を飾る〈送り火〉の掛け軸、縁側に設えられたガラスの水鉢を泳ぐ鮎《あゆ》。「祇園丸山」は盛りを過ぎた夏を店のあちらこちらに見せる。

これに対して、カウンター席を主体とする「草喰なかひがし」は折敷《おしき》の上だけ、という極めて限られた空間で同じ時間軸を表現する。「祇園丸山」を日本庭園に喩えるなら、こちらはさしずめ盆栽だろうか。どちらも入念な手入れを施しながら、それを客には感じさせずに、小宇宙を見せる。

海の幸、山の恵み、選び抜いた食材を使って美味を編み出す。上桂川《かみかつらがわ》産の希少な鮎も、炊き立てご飯とめざしの取り合わせも、そこに深い主人の思い入れがあればこそのご馳走。美味しい、を超え、感謝の気持ちを込めた清々しさ、それが本物の名店の証なのである。

料亭と割烹。どちらが優れているとかではなく、そのときの気分、食事の目的などに応じて使い分けるもので、それを間違えると愉しみは半減してしまう。まずは一度行ってみるのがいい。その一例として「祇園丸山」と「草喰なかひがし」を挙げたが、無論のこと、他にも京都には美味しい店がある。

食の口コミサイトをはじめ、雑誌の京都特集、京都グルメ本、美味しい店の情報は巷に溢れかえっている。それらの情報を参考にして、自分好みの店を見つければいい。一例を挙げるならばこんな店。

八十有余年、食通たちが足を運んだ割烹の原点「浜作」

Map C

本来の割烹はと言えば、目の前で調理されるのはもちろん、客の好みに応じて、臨機応変に対応するスタイルを言い、その嚆矢と言えるのが「**京ぎをん 浜作《はまさく》**」。初代主人が割烹というスタイルを編み出した。

今や割烹全盛時代を迎えているが、初代主人が創業した昭和初期までは、板場で作られた料理が客席に運ばれてくる、料亭スタイルしかなく、高級料理は座敷で食べるものとされていた。

カウンター板一枚を挟んで、客と主人が向かい合い、丁々発止とやり合うのは、さぞや新鮮な感覚だったに違いない。

爾来《じらい》八十有余年にわたり、割烹料理界をけん引してきた「浜作」には、国の内外を問わず、多くの食通たちが足を運んだ。

時代の流れに応じ、基本はおまかせ料理だが、好みを伝えると、それに合わせて調理してくれる。居並ぶ客たちが、同じ料理を一斉に食べるような店とは一線を画し、それぞれの客の進み具合に応じて、料理を出すタイミングをはかり、軽妙な会話を挟みながら、和気あいあいとした場を作る主人の間合いの取り方が絶妙。

錚々《そうそう》たる顔ぶれの食通たちを相手にしてきた店ゆえ、それにふさわしい器が使われ、時には器談義も愉しいもの。

食はもちろん、器にもある程度の知識をもって臨みたい店。とは言え、堅苦しさを感じさせないのもまた、主人の力量。パフォーマンスにとどまらない、見事な包丁技も一見の価値がある。

一流とは何か。「浜作」で食事をすれば、その一端を垣間見ることができる。が、もう少し手軽に、となればこんな店もある。

割烹入門なら「はらだ」 Map D

割烹、料亭、和食店がひしめき合うように軒を並べる京都にあって、日常使いできる店は存外少ない。肩肘張ってでもなければ、何ヶ月も前から予約して訪ねる店でもない。ふと思い立って、ふらりと暖簾を潜ることができて、かつレベルの高い和食を食べられる店。それが「**割烹はらだ**」。

壁に掛かった「本日のおすすめ」から、主人と相談しつつ、あれこれ迷いながら、その日の献立を組み立てていく愉しい店。無論のこと、予算に合わせておまかせコースにも仕立ててくれるので、おまかせ希望なら予約時に相談するのがいい。

河原町竹屋町《たけやまち》。繁華街でも住宅街でもない地に店を構えたのは、地元客、観光客どちらにも来てもらえるようにとの願いから。週に二度三度足を運ぶ常連客と一見の観光客が仲良く肩を並べて食事を愉しむ姿は、この店の居心地のよさを見事に表している。気軽な店ながらその料理は食通をも唸《うな》らす本格派。

僕がこの店で必ずといっていいほど頼むのは、すっぽん鍋。

京都にはこの、すっぽん鍋を専門に商う店があり、それは無論のこと美味が極まるのだが、いかんせん、気軽に、という値段ではない。そこへいくと、この店でなら、安心して注文できる。

ぐつぐつと煮え立つ丸鍋の官能的な旨さに胃袋も心も満たされる。

ほぼ通年味わえるすっぽんの他に、初夏から秋口にかけては鮎が名物。主人と女将自らが釣りに出掛け、その釣果を味わえるという貴重な店。鮎好きには堪えられない。夏の鱧《はも》、冬の蟹など、季節ごとに訪ねたくなる料理が品書きに並ぶ。

稀代の食通池波正太郎がもしも平成の京都を訪れたなら、きっと贔屓《ひいき》にしただろう「はらだ」。気軽な京割烹の定番である。

雅な京料理を弁当で手軽に味わう

Map B　Map H

手軽に京料理を味わえるとして、近年京料理弁当が人気を呼んでいる。

本来、弁当というものは野にあって食べるもので、館で食べることは本筋からは外れた行いとなる。したがって弁当は春の桜から秋の紅葉までのもの。厳しい寒さに包まれる真冬の間に弁当を食べることは、かつての京都ではあり得ないことだった。

古く京都には、弁当始め、弁当納めという言葉があり、弁当始めは概ね法然上人《ほうねんしょうにん》の忌日を目安とし、弁当納めは親鸞《しんらん》聖人の忌日を目処《めど》とした。

法然上人の忌日は元来一月だったのだが、「知恩院」では〈御忌大会《ぎょきだいえ》〉として四月十八日〜二十五日に忌日法要を行っている。寒さを避け、多くの信徒が出向きやすいようにとの配慮だったのだろう。「知恩院」の最大、かつ最重要な法要に参列し、近くの円山公園辺りで弁当を広げる。京の弁当はここから始まったと言われる。

そして秋。親鸞聖人の入滅は新暦の十一月二十八日。冬が近づくこの頃をもって、弁当を納める。

そんな京都らしい風習は、いつしか消え去り、一年を通じて弁当が売られるようになった。

平成の今日、季節を問わず、弁当箱に納めた小宇宙は、美しくも美味しい。

お弁当に欠かせないのは、見た目の麗しさ、愉しさである。それも蓋《ふた》を取った瞬間、ひと目ですべてを見渡せるのがいい。

箸《はし》を取り、さてどこから最初に手を付けようかと悩むひとときこそ愉しけれ。

京都でお弁当と言って、双璧は「**辻留**《つじとめ》」と「**菱岩**《ひしいわ》」。誰も異存のある筈もない。どちらも客席を持たず、持ち帰って食べるしかないのが、弁当の弁当たる所以。

両店とも予約しておき、店に取りに行くのが一番たしか。時間がなく、それが無理ならデパ地下の売り場で物色するしかない。

百花繚乱《りょうらん》の様相を呈している弁当売り場には、三つ星きらめく有名料亭から、人気割烹、昔ながらの仕出し屋まで、多くの弁当が並び、目移り必至となっている。はてさて、どれを買えばいいのか、売り場を行きつ戻りつ、たいていの客は迷いに迷っている。

どれも同じように見えて、それぞれ違う。もちろん値段も異なる。中心価格帯は三千円辺りだろうか。概ね二千円辺りから五千円くらいまで。店で食べることを思えば安いだろうが、弁当と考えれば決して安くはない。比べてはいけないのだろうが、コンビニ弁当なら十個ほども買える値段。

納得して買うならいいが、その価値を充分たしかめてから財布を開きたい。

お奨めの京弁当がふたつほどある。いずれも京都駅に隣接する「**ＪＲ京都伊勢丹**」の地下二階。ひとつは老舗弁当の売り場にある「**田ごと**」のそれ。二千円前後の弁当が二種類あるが、どちらもその価値は充分ある。適度にボリュームもあり、おかずもバリエーションが豊富で食べごたえがある。

東山の料亭「京大和」の味を弁当で

Map C　Map H

もうひとつは「**京大和**《きょうやまと》」という老舗料亭の弁当。

この店は独立したコーナーを持っていて、弁当だけでなく、いろんな商品を扱っているが、僕の一番のお奨めは、最も安価な弁当。小ぶりな正方形の一段弁当で、定価は千六百円ほどだが、しばしば特別価格として千円ほどで売っている。これが実に優れて旨い弁当なのである。

見た目は小さめの正方形。これで足りるかなと思うのだが、実際に食べてみると、物足りなさは感じない。血気盛んな若者でなければ、一食はこれで事足りる。そして何より、おかずもご飯も丁寧に味付けされていて、これぞ京の味という旨みを湛えている。場ふさぎとも思えるような、おざなりなおかずは一切入っておらず、これが千円で食べられるのは僥倖《ぎょうこう》以外の何ものでもない。同じフロアに並ぶ三つ星料亭の弁当と比べれば、その価値は一目瞭然。

「京大和」のコーナーには、六種類のおかずだけを詰め合わせたパックも売っていて、これが六百円台で買えるのだからなんともありがたい。

東山の奥に佇む料亭「京大和」。ここからの眺めは他を圧する。八坂の塔を真下に望み、京の街を一望しながら、懐石料理に舌鼓を打つ。そんな贅沢なひとときがあってもいい。

そのエッセンスを手頃な値段で味わえるのだから、弁当はありがたい。

〈弁《そな》えて用に当てる〉のが弁当の語源。先に書いたように、館の外で食べるのが本来の姿である。

懐石料理をひと箱に納めたような風雅な弁当を携えて、新緑の野に出れば、これほどに優雅なひとときはない。

裏千家御用達の茶懐石「辻留」を、どこでいただくか　Map B

「辻留」は裏千家御用達の出張料理を旨とする店で、茶懐石を専門としている。京都では食事のできる店を持たないことから、数は限られるが、誰でもが手軽に食べられる弁当を作り、駅やデパートの老舗弁当コーナーで商っている。運がよければ、売り場で出会えることもあるが、数に限りがあるので予約した方がいい。或いは本店まで取りに行く。

花見小路通から少し東、三条通に面して「辻留」がある。長い歴史を感じさせる店は客席を持たず、料理を作るためだけの店。あらかじめ頼んでおいて、この店に取りに行くのも風情があっていい。売り場に並ぶものと違って、自分のために作られた弁当だと実感でき、より一層味わいが深くなる。

懐石料理のエッセンスをコンパクトに詰め合わせた弁当でも、充分満足できるのだが、叶うなら一度は「辻留」の料理を存分に味わいたい。そう願う向きも少なくない。そんな願いを叶えてくれるのが、洛北宝ヶ池に建つ「グランドプリンスホテル京都」の〈茶寮《さりよう》〉。三日以上前の予約が必要だが、数寄屋造りの座敷で、手入れの行き届いた庭を眺めながら「辻留」の料理を愉しむことができる。

昼夜に加えて、条件が整えば、ここで朝ご飯が食べられることは存外知られていない。たとえ朝食といえども、「辻留」から出張してくるわけだから、幸運にも恵まれないと叶わないのではあるが。

京都といえば、おばんざい

京都のおばんざい、はたしてその意味は?

京料理と並べて語られることの多い〈おばんざい〉。今や洛中を歩けば、あちこちで〈京のおばんざい〉という看板を見掛ける。或いは雑誌の京都特集などでは決まって〈おばんざい〉の美味しい店を紹介している。しかしながら、少なくとも僕が物心ついた頃、〈おばんざい〉という言葉はほとんど語られることがなかった。仮にあったとしても、**それは家で食べる普通のおかず**、という意で使われていた。

京都はハレとケの使い分けを大切にする街であって、それは食においても同じで、たまのご馳走と、常の質素な食事をはっきりと分けていた。その後者に当たるのが、今で言う〈おばんざい〉。漢字で書けば〈お番菜〉となるだろうか。番という字は、番茶や番傘などと使われるごとく、普段の、粗末な、という意を表す。

わざわざ店に行って、粗末な料理を食べる必要などないわけで、それゆえかつては、おばんざいを売り物にする店など存在しなかったのだ。

堂々と看板に〈おばんざい〉と書く店が次々に現れ出したのは、京町家ブームが始まったのと、時を同じくしている。

古くからの京都を知らない人たちが増えたことも一因だろうが、京町家といういかにも京都らしい舞台装置と、京都らしさを手軽に演出できる〈おばんざい〉とが合わさって、格好のビジネスモデルができ上がったことが最大の要因。人も資本も外から流入し、まるで舞台の書割のような店が乱立し、今日のような姿になった象徴が〈おばんざい〉。

酒と合わせたくなるおばんざいを先斗町「ますだ」で Map B

時代とともに言葉の意も変化するのは、やむを得ないこと。店の側も流れには逆らえない。創業の頃には〈おばんざい〉とは呼んでいなかったが、今ではそれを否定することなく、京都を代表する、おばんざいの名店として真っ先にその名が挙がる「**ますだ**」。正しく〈おばんざい〉を食べるならこの店が一番。

先斗町通のちょうど中ほど。路地の入口に看板をあげる「ますだ」は、酒徒《しゅと》垂涎《すいぜん》の店。居酒屋と呼ぶのは憚《はばか》られるが、しかし割烹というほどには構えていない。

その頃合いの空気を好む客は途切れることなく、先代からのファンも少なくない。

――おばんざいよりは少し濃い味――

先代がそう表現した通り、ご飯のおかずになる〈おばんざい〉よりも、しっかりと味付けがなされ、酒のアテには、これ以上望むべくもない味。

決して豪華な料理ではないが、かといって質素と呼ぶようなものでもない。凝った料理ではないが、手間の掛からぬものではない。どこにでもあるようで、ここでしか食べられない味。そんな〈おばんざい〉がカウンターにずらりと並ぶ様は圧巻。

炊いたん、焼いたん、和えたん。素朴な味わいながら、しっかり出汁《だし》が効いていて、どれを食べても、ほっこりと心が和む。我が家同然の居心地のよさが、〈おばんざい〉の味を引き立てる。

京町家をリノベーションして、いかにもそれらしい設えの中で食べる〈おばんざいバイキング〉などという代物とは月とすっぽん。店で食べるなら、ご飯ではなく酒と合わせたいのが〈おばんざい〉。

〈おばんざい〉という言葉を、標準語に置き換えれば、普段着の食、になる。

京料理をハレとするならば、ケは普段着の食。気取りがない分、どちらかと言えば、普段着の食の方にこそ、京都らしさが表れているように思う。

意外じゃない。肉料理、洋食、中華料理

京都普段着の食は、洛中の路地裏や隅々に潜んでいる

Map B Map C Map E

美食の街京都は、星の数ほど旨い店があるにもかかわらず、星の数で格付けされることを拒んだ。そこには幾つもの訳があるのだが、最大の理由は、「格」を測る物差しが京都にはないということだ。或いは京都独自の尺度がある、と言い換えることもできる。

彼《か》のガイドブックでは、料理を五つの観点からチェックし審査するのだという。だが都人は、そんな面倒なことはしない。たった一言。

「あそこは美味しいで」

「ここはええ店や」

洛中でそんな声が行き交えば、星の格付けなどまったく無用。都人が足繁く通うことになるのだが、その多くはハレではなくケ、普段着の店。京都ガイドブックの巻頭を晴れやかに飾るのではなく、路地裏にひっそりと佇む隠れ店。そしてもしもそれらの店が、「そのために旅行する価値がある卓越した料理」だと賞されたなら、

「うちは、そんな大層な料理作ってしませんせん。普通の店です」

店の主人たちは面映《おもは》ゆげに、揃《そろ》ってそう応えるに違いない。

声高に喧伝するわけではないが、京都にこの店があることを誇らしく思う、そんな店を十軒ばかり挙げてみる。京都を訪れて、ふと美味しいものを食べたくなったなら、ふらりと気軽にこれらの店を訪ねて欲しい。**必ずしも「京料理＝京の美味」ではない**ことにお気付きいただけるだろう。これら**普段着の店が美味しいからこそ、頂点を極める料理店は鎬《しのぎ》を削り、名声を誇ることができる。**普段着の店が持つ素顔の美しさがあって初めて名店の晴れ姿が浮かび上がるのだ。

たとえば、京都の台所というより、今や観光名所と化した錦市場。ここを西の端から出てすぐのところに店を構える「**さか井**」。至極小さな屋台然とした店の名物は穴子丼。ご飯が寿司飯なので、正しく言うなら穴子すし丼、となるだろうか。酢飯の上に海苔を散らし、その上に柔らかく煮た穴子を載せる。ただそれだけの至ってシンプルな丼なのだが、これが実に旨い。わずか六席だけの店だから長居は無用。サクッと食べて、さっさと店を出る。これぞ普段着の京都の食。

ここから東へ歩いて五分ばかり。新京極通にある「**京極スタンド**」もまた普段着の京都。昼酒を愉しむ旦那衆たちにとって、ここは都人の貴重なオアシス。あれこれと目に付いた一品を頼み、目を細めて盃をなめる。鰻ざく、枝豆、やっこ豆腐、スジ煮込み、マグロの刺身など、酒のアテとして、たいていのものは揃っている。一杯、また一杯と重ねる客ばかり。長居必至の店ゆえ、客の声は段々大きくなり、周りの客をも巻き込んで、いつしか宴状態になる。

そんな店では、新京極という場所柄もあって修学旅行生の姿もしばしば見掛ける。彼ら彼女らの懐が痛まない程度の金額で食べられる定食が豊富に用意されていて、分けても日替わり定食などは、ボリューム満点で美味しい。

ジュース類も自販機で買うのと大きく変わらないほどの値段が付いている。都人のオアシスは遠来の若人たちにとっても潤いを与えてくれる貴重な店。

地元のご老人たちには孫同然の修学旅行生たち、どちらからともなく声を掛け、会話の輪が更に広がる。

「京極スタンド」の嬉しいところは、昔ながらの懐かしいメニューがずらりと並ぶこと。えんどう卵とじ、ハムかつ、きずし、目玉焼き、かす汁など、地味な料理だが、酒飲みには垂涎の一品。これをアテにして飲んだ後で悩むのは〆を何にするか。昔懐かしい中華そば風のラーメンか。はたまたオムレツカレーか、ボリューム満点の揚げそばという手もあるな、と迷いに迷う。ここもまた、京都の食の定番である。

京都で長く続く店には、必ずといっていいほど、常連客が付いている。と言っても、訳知り顔で、常連風を吹かせるような客ではなく、通い詰めるからこそ、時には苦言を呈し、あるいは励ます。

たとえば、伝統産業に携わる職人たちが街場のうどん屋や食堂を訪ねる。短い休み時間に素早く食事を終えて帰り際、「ごちそうさん」に一言添える。

「今日はちょっと味、濃ぅかったで」

或いは夕暮れ時、これから花街に繰り出そうとする旦那衆が、古くから馴染みの洋食屋で腹ごしらえ。

「ごっつぉさん。旨かったんやが、先代に比べたらまだまだやな。せいだい気張りや」

そう言って勘定を済ます。

更には新しくオープンした中華料理店の評判を聞いた老舗割烹の主人が足を運ぶ。

「美味しかったけど、京都の店にしては量が多すぎるで。もうちょっと上品に盛りや」

そうアドバイスして店を後にする。伝統を重んじながらも、新しいモノや店に目がないのも都人の特徴。御眼鏡に適い、精進すればいつかは老舗の仲間入りを果たす。客が店を育て、店は客の舌を喜ばす。こうして洛中の路地裏、隅々にまで美味しい京都が潜むことになるのだ。

京都に住む者には、ふと思い立って訪ねることができる店。そこはまた観光客にとっては格好の句読点となる。名所巡りのあとさきに、願ってもないランチを提供してくれるのだ。

意外？ レベルの高い、京都の牛肉料理 Map B Map G Map H

未だに雅な平安貴族のイメージを引きずっているのか、京都と言えば、あっさりとした軽やかな食を思い浮かべる向きが多い。

京豆腐、京湯葉と、極めて淡泊な食材が京名物であるのに加え、近年の京野菜ブームが、それに拍車を掛けた。

更に言えば薄味信仰。

京都は薄味と決め付ける傾向があり、濃厚な味付けを好むと言えば、異端扱いされる。これなどは、まったくの誤解であって、京都の料理は、決して薄味ではない。ともすれば大阪よりも濃い味かもしれない。

一番分かりやすいのはラーメン。

全国でチェーン展開をしている京都のラーメン屋をはじめ、京都駅近くの人気ラーメン店など、どこも薄味とは程遠い。見た目の色も、味も濃厚そのものである。

食材もまた然《しか》りであって、魚や野菜より、肉、取り分け牛肉を大の好物とするのが、京都人なのである。

それには大きく分けて、ふたつの理由がある。

ひとつには、京都人が新しもの好きだということ。

伝統と歴史の街である京都には、一見不釣り合いに見えるが、とにかく目新しいものに、すぐ飛び付くのが京都人の倣《なら》いである。

日本で最初に営業用の電車が走ったのも京都だし、日本初の小学校も京都。駅伝レースを始めたのも京都が最初。

そんな傾向は食にも発揮され、文明開化ともなれば、いち早く洋食や肉食を取り入れたのも、この京都なのである。新しもの好きの気性が肉好きを生んだ。

きれいに言えば、進取の気性となるのだろうが、それとは少し違う次元での、新しもの好きだという気もする。

なぜならチンチン電車と呼び親しまれてきた日本初の路面電車でもあっさりと廃止してしまった。京都に馴染まないとなれば、いとも簡単に放り出してしまう。つまりは「一度やってみたかった」だけのこと。

そんな飽きっぽい気性の京都人だが、ひとたび、これは合うと思えば、とことん追究し、極めんとする。葵祭、祇園祭、時代祭。京都三大祭などが、その典型だろうか。

町衆挙げて祭りを盛り上げる。それを食の分野で例示するなら牛肉ということになる。京都人の牛肉に掛ける思いは、なみなみならぬものがある。もっと美味しい牛肉はないか。更に美味しく食べる料理法はないものか。客も料理人も、絶えずウマい牛肉を追い求めている。

京都人が牛肉に執着する理由のふたつめ。それは圧倒的な地理的優位性である。

日本三大和牛というものがある。日本を代表する三つの銘柄牛。幾つか説が分かれるが、神戸ビーフ、松阪牛、近江牛の三つを数えるのが最も有力な説である。

ここで地図を広げていただきたい。そしてその三大和牛の産地をマーキングする。神戸ビーフは丹波篠山辺り、近江牛は彦根近辺、そして松阪。この三点を線で結ぶと三角形ができる。これを僕は銘牛トライアングルと呼んでいるが、この三角形の真ん中に位置するのが、実は京都なのである。そして各々の産地までの直線距離はどこも、京都から数十キロなのである。

偶然なのか、必然の結果なのか、それは定かでないが、京都は銘牛を入手するのに、極めて有利な場所にあることだけは間違いない。

新しモノ好きに加えて、レベルの高い、つまりは美味しい牛肉が入手し易い場所に位置している。このふたつの理由から、京都人は無類の牛肉好きになり、当然の帰結として、美味しい牛肉料理を食べられる店も、数多いというわけである。

そして特筆すべきことは、**地理的優位性もあって、他都市に比べて適価で食べられる**ということ。美味しい牛肉が安く食べられれば、何も言うことはない。牛肉を食べるなら京都が一番。

オーソドックスな牛肉料理となれば、京のすき焼きに尽きる。

三条寺町の「**三嶋亭**《みしまてい》」が老舗として名高く、風情ある佇まいの中ですき焼きを食べると、文明開化で沸き立つ、当時の京都が思い浮かぶ。

朱塗りのテーブルにはめ込まれた電熱コンロに、八角形の鉄鍋を載せる。鍋に牛脂を敷き、その上に砂糖を振りまくところから「三嶋亭」のすき焼きが始まる。

きれいに霜の入った牛肉に、店秘伝の割り下が絡むと、芳《こう》ばしい香りが広がり、いやが上にも食欲が湧き出る。すべてを仲居さんの手に委ね、頃合いをはかって、取り分けられたものを口に運ぶだけ、というスタイルもありがたい。

同じ文明開化の頃に、ハイカラな料理として始められたのがビフテキ。ビーフステーキを少しばかり和風にアレンジしたビフテキは、後述する洋食文化へと繋がっていく。

今はもうなくなってしまったが、四条河原町に「スエヒロ」という店があり、民藝調の格式高い設えと、吟味された肉料理で多くの都人の舌を魅了した。その流れを汲《く》む店として、前著『京都の路地裏』では「**ビフテキのスケロク**」を紹介したが、ビフテキをメインにした洋食というスタイルは、最も京都らしい洋食屋のあり方で、美味しい牛肉を京都で食べるには一番ふさわしい店。

ビフテキだけをメニューに残し、専門店として今も人気を誇っているのが「**京都スエヒロ**」。

京都駅八条口の南向に建つ「京都アバンティ」の地下レストラン街にあって、石焼ステーキの専門店。テーブルに設えられた溶岩石の石板で、ひとくち大にカットされた肉を焼きながら食べるというスタイル。

焼いた肉を浸ける醬油タレが独特の味わいで、これがかつて四条河原町にあった「スエヒロ」の味を彷彿させる。

たまり醬油風の濃い醬油に、溶き辛子を混ぜ、肉を浸けて食べると、飽きずにいくらでも食べられる。牛肉と醬油。すき焼きと同じく、日本人の食欲を刺激する取り合わせである。それを更にアレンジしたのが焼肉ということになるだろうか。

京都で焼肉。「天壇祇園本店」　Map C

京都と焼肉。意外な取り合わせに見えて、しかし実はよく似合ったりするから、料理というのは不思議なものだ。

ここ数年のことだと思うが、京都へ焼肉を食べに行く、という声をよく耳にするようになった。これが大阪ならよく分かる。焼肉の街ともいえる鶴橋を筆頭に、名にし負う、焼肉の名店がひしめき合う大阪。いかにも焼肉がよく似合いそうな街。

一方で京都は、と言えば、焼肉のイメージは薄い。しかしながら牛肉には目がない京都人。古くから焼肉の名店はあちこちにあって、それぞれにファンが付いている。それらの多くは少しくマニアックな店で、立地も含め、気軽に足を運べるような雰囲気ではない。

そんな中で、家族連れでもカップルでも安心して入れる店となると「**天壇《てんだん》祇園本店**」が元祖といってもいいだろう。

四条川端下る。鴨川を見下ろす店で、初めて焼肉を食べたという京都人は少なくない。かく言う僕もそのひとりで、学生時分に焼肉デビューを果たしたのがこの店。

おそるおそる臨んだ焼肉デート。初めて食べたキムチの辛さに目を丸くし、自分で焼きながら食べる肉の旨さに舌を巻いた。とりわけ驚いたのは黄金色をした付けダレ。焼いた肉をこのタレにさっと潜らせると、肉の濃厚な旨みがあっさりとした味わいに変わり、いくらでも食べられそうな気になるのだ。

昭和四十年（一九六五年）の創業というから、東京オリンピックの翌年。爾来、変わることなく旨い焼肉の店として、京都人に親しまれ続けている。

お奨めはロース。牛肉の王道ともいえる旨みを湛えた肉を網で焼き、黄金色のタレを付けて食べれば、誰もが幸せ顔になる。京都で焼肉、となれば是非「天壇祇園本店」へ。味も空気も眺めまでも、京都を感じさせてくれる店。

裏路地の情緒溢れる場所でホルモン料理「はちべー」

Map C

一部のマニアックな店を除き、京都の主だった肉料理店で、内臓肉が供されることは、極めて稀なことだった。

いわゆるホルモン料理は、いくらか猥雑《わいざつ》な空気が流れる、居酒屋然とした店で食べるものであって、酒臭い息を吐きながら、オヤジが舌鼓を打つような、そんなイメージでしかなかった。

たとえば、京都をひとり旅している若い女性が入って、牛ホルモン料理を愉しめる店など、あるはずもなかった。

そんなホルモン料理の印象を一八〇度転換し、割烹スタイルで出したのが「**御二九と八さい はちべー**」である。

まずもって、店のロケーションがいい。裏寺町に近いから、ホルモン料理店にはふさわしいようでいて、しかし柳小路という情緒溢れる界隈は、既存のホルモン料理店とはまったく異なる。

以前は、裏寺町の、そのまた裏にある、うらびれた路地だったのが、近年、この店のオープンを切っ掛けとして、次々と洒落た店ができ、一躍脚光を浴びるようになった柳小路。その守り神でもある、八兵衛明神さまに、まずはお参り。

そして店に入ると、誰もがホルモン料理の店とは思わないだろう、京割烹風の設えである。

L字型になった白木のカウンター席に腰掛ける。

メニューにはアラカルトもあるが、おまかせコースがお奨め。

小鉢に入った前菜風の料理を目の当たりにすると、まさかこれがホルモンだとは誰も思えないような、見目麗しい料理。きっと手間暇かけて、内臓肉を下処理してあるのだろう。口に入れても、微塵《みじん》も臭みを感じず、爽やかな後口を残す。

目の前で焼かれる肉も、見るだに美しく、嚙《か》み締めると肉の旨みが口の中に溢れる。

水菜と合わせた肉のハリハリ鍋や、〆のラーメンなど、創意工夫に満ちた料理は新たな京都名物。

京都の洋食が祇園界隈に多いのはなぜか

Map F

フレンチでもイタリアンでもなく〈洋食〉。どこかしらノスタルジーが感じられる料理は、古都京都によく似合う。外来の料理を日本独自のスタイルにアレンジし、いつの間にか京都の街に溶け込んでいるそれはちょうど、古い京町家に挟まれて建つレンガ建ての洋館にも似て、はるか昔からずっと都にあったかのように、しっくりと洛中に馴染んでいる。

その始まりは洋食発祥の地、長崎に遡る。鎖国政策を取っていた頃の長崎出島に伝わった西洋料理を、営業用として最初に手掛けたのは意外にも日本料理店。つまり西洋料理は当初、和洋兼業として商われていたわけだが、後に初の西洋料理専門店として開業したのが「良林亭」。時は文久三年（一八六三年）、主の名は草野丈吉。やがて来るだろう開国を予測してのこと。時代は移り、文明開化に伴い店名を「自由亭」と改めた草野は明治十年（一八七七年）、鉄道の開通を切っ掛けにして、いち早く京都に支店を出し、人気を博した。

草野が選んだ場所は祇園八坂神社の鳥居前。同じ場所に既に店を構えていた「中村屋（現在の中村楼）」は、日本料理店から外国人専門の宿泊施設に一時衣替えし、その真向かいに「自由亭」ができ、祇園八坂門前は俄に西洋の風が吹く、ハイカラな界隈と化した。

祇園といえば、日本を代表する花街。お茶屋遊びに興じる旦那衆の目にも舌にも〈洋食〉はさぞや新鮮に映ったことだろう。本来は外国人のために作られていた〈洋食〉はいつしか花街で遊ぶ粋筋御用達へとスタンスを移していった。

お茶屋遊びの前に腹ごしらえ。旦那衆は芸妓舞妓を連れて洋食屋へ「ご飯食べ」と洒落込む。評判を聞いた町衆もこぞって店へと足を運び、一軒、また一軒と祇園界隈に洋食屋が増えていった。

大正、昭和、平成、と目まぐるしく時代は変わり、本格フレンチ、イタリアンの波に押され、何軒もの洋食屋が店じまいしたが、明治時代からの歴史を守り通している店もある。

一方で京都はまた学生の街でもあり、勉学に励む若者、教える側の教員たちの胃袋を満たすための洋食屋も多く存在する。キャンパス近くに店を構え、昼時ともなれば学生、教員入り混じってのランチタイムとなる洋食レストラン。京大、府立大をはじめ多くの大学が連なる左京区。

下鴨神社近くの「**グリル生研会館**」はその名の通り、研究施設のビル一階にある洋食屋。シンプルな内装の店にはアカデミックな空気が漂い、オーソドックスな洋食を落ち着いた雰囲気で味わえる。ジューシーなハンバーグ、プリプリの海老フライ。何を食べても美味しい。

“京都らしさ”があらわれる、京都の麺

Map エ

京都で麺。意外な取り合わせに見えて、実は好相性なのである。うどんや蕎麦は、その出汁の味を効かせるが、ラーメンやパスタまで含めれば、京都らしい歯応えこそが、ひと

つの特徴を表すに至る。

パスタの茹で加減を表現するのに〈アル・デンテ〉という言葉がある。この〈デンテ〉は〈歯〉のことなのだが、ここで京都の人口構成がポイントになる。

京都の街を歩いていて目に付くのは、元気な高齢者たちと、潑溂《はつらつ》と闊歩《かっぽ》する学生の姿。つまり京都の麺類はこの両者に合わせた歯応え、出汁《だし》加減なのである。

たとえばうどん。讃岐《さぬき》は言うに及ばず、浪速《なにわ》に比べても、その麺の軟らかさは独特のものがある。俗に〈京の腰抜けうどん〉と呼ばれるのも、むべなるかな。歯の弱ったお年寄りは、にこやかにこの、うどんを啜《すす》る。

一転してラーメン。こちらは血気盛んな学生の好みに合わせている。北から南から、あらゆる地方から来た学生たち。多くの支持を集めるのは濃密な味わい。京都といえども、決して薄味ではない。

どの店も総じて、凝りすぎないのが基本。奇を衒《てら》うことなく、麺類の王道を歩む。長い歴史を誇る老舗も、新たに開いた店であっても、〈こだわり〉を持ちながら、それを声高に喧伝しないのが奥ゆかしい。たとえひと皿の麺であっても都流を貫く。

美味しい麺類を食べられる店。おびただしいほどの情報が溢れているから、今更ここで店の名など挙げる必要もないだろう。京都流のラーメンなら「**新福菜館**」と「**第一旭**」が隣り合う高橋《たかばし》が一番ふさわしいだろう。朝から長い列ができるのも今や京都名物。どちらで食べても、京都薄味信仰はあっさりと覆される。

うどんや蕎麦などは、市内のあちこちにある〈餅食堂〉の名が付いた店で食べることをお奨めする。

「相生餅食堂」「大力餅食堂」「千成餅食堂」などなど。暖簾分けなのか、チェーン店なのかは判然としないが、これらの名が付いた店は京都市内のあちこちにあり、どこに入っても同じようなメニューで、似たような味わい。麺類、丼もの、定食まで、たいていのメニューが揃っている。京都の普段着の味はこんな店に潜んでいる。

住む人ぞ知る、京都の中華レベル

Map A

近年、俄にクローズアップされてきたのが京都の中華料理。〈京都中華〉という言葉もひとり歩きし始めているが、その実態はなかなかつかみづらい。というのも、既に店じまいしてしまったところにこそ、いわゆる京都中華の本質があったからだ。

この辺りは、平安京と同じで、今残されているものだけを見ていたのでは分からない。

平安京は土の中、京都中華は過去の店を辿らないと実態は見えてこない。

今では、四条富小路のランドマークと言えば「ジュンク堂書店」になるだろうが、かつてはその反対側の角に建つ「たち吉」だった。タクシードライバーに「たち吉」とさえ言えば、四条富小路まで連れて行ってくれた。そしてそこを少し北に上ると、西側に立派な洋館があり、そこが「大三元」という中華料理店だった。

ここが今で言うところの〈京都中華〉の原点である。もう一軒**「広東料理 飛雲」**という店もあり、そのどちらが嚆矢だったかは詳《つまび》らかでない。いずれにせよ、これら広東料理の店が京都で中華料理を広めていったことは間違いのないことで、その流れを汲む店が、少ないながらも今も健在なのは嬉しい限り。

「大三元」を懐かしむ人は、きっと京都には少なくない。玉子春巻、焼売、焼飯、焼きそば、酢豚。今も京都の多くの中華料理店で出されるそれらには、何かしら「大三元」の香りが残されている。

「大三元」なき後、その味を色濃く残したのが、加茂街道の紫明通《しめいどおり》近くにあった、こちらも今はなき「鳳舞」。何を食べても安くて旨かった。しかしながら、決して愛想がいいとは言えない店員さん。そこまで「大三元」にそっくりだった。

無論それは、客を軽視しているのではなく、日本流の愛想の良さを体得できなかったのだろうと思う。

僕などは「大三元」でおむつを替えてもらったことが何度もあるらしく、おとなになってから行くたびに、そんな話を店員さんから聞かされ、笑い合ったものだ。

「大三元」も「鳳舞」も知らず、〈京都中華〉とはカクカクシカジカなどと、したり顔で語られると鼻白んでしまう。

こと中華料理に限ったことではないが、古くから京都に住んでいたわけでもなく、今の流行り廃り、知識だけで京都の食を語る人たちの浅薄な物言いに惑わされる人たちが少なくないのは、なんとも寂しい。**すべて物事には歴史的経過があるのであって、それを学ばずして、ただ今の食だけを語り、その誤った知識を広められるのは、京都人にとって、迷惑以外の何ものでもない。**

出版不況と言われて久しい中、京都本や雑誌の京都特集が売れ行き好調なことに目を付けたのか、俄京都通とおぼしき書き手が次々と現れ、上辺だけの京都を紹介することが増えてきた。これらの言を真に受けて、捻じ曲げられた京都像が跋扈《ばっこ》するのはなんとも困ったことだ。

今ある店で京都の中華らしい料理を出すところが何軒かある。その中には、ひっそりと営業し、馴染み客だけを相手にしているところも少なくなく、ここで紹介することを憚られる店もある。たとえばＪＲ二条駅近くの住宅街にある「Ｓ」などは是非とも紹介したい中華料理店なのだが、こういう店はメディアに載せずそっとしておく方がいい。行列ができたりしたら店も常連客も困る。

京都人に馴染みの深い中華料理店で、近年再出発した店がある。ここなら紹介してもいいだろう。

京都人なら誰もが知る有名店「ハマムラ」再開

Map D

京都で一番の繁華街ともいえる、河原町通三条下る。東側の角で店を構える「ハマムラ」は、京都人なら一度は食べたことがあるだろう有名店だった。カタカナのハマムラを顔にはめ込んだトレードマークは、子供の頃によく真似て書いた。

広東料理系の店で、赤いデコラのテーブルに、焼売、焼飯、焼きそば、酢豚などを並べ、家族揃って卓を囲むのは、何とも幸せな時間だった。

客足が途絶えたわけではないので、何らかの事情があったのだろう。「ハマムラ」が店をたたむと聞いて、多くの京都人が驚くとともに、閉店を惜しむ声があちこちで上がった。無論のこと僕もそのひとりで、別れを惜しみ、店じまいする間際に、焼飯と焼売を食べに行った。

京都府庁の近く、丸太町通に面して、ふたたび「ハマムラ」の看板が上がるには、閉店してから、さほど長い期間を置かなかった。

以前の店よりは若返ったようで、お洒落な雰囲気の中華料理店になったが、味は変わらず、昔ながらの京都中華の伝統をちゃんと引き継いでいる。値段もこなれていて、昼時などは大勢の客で賑わっている。夜ともなれば、ちょっとバルっぽい雰囲気になり、飲める中華の店になったことは嬉しい限り。「ハマムラ」の名が途切れずに長く続くことを願う京都人はたくさんいる。

第三章 京土産の定番

八ツ橋と一澤信三郎帆布

京都を旅して、一切京土産を買わない人など、はたしているのだろうか。そう思うほどに、京の街には京土産店が溢れかえっている。分けても京都駅の内外にはおびただしい数の土産店が並ぶ。同じ店が何箇所にも分けて売り場を設け、それでも行列が途切れることはないのだから、どれほど多くの旅人が京土産を買い求めるのだろうか。

昔ながらの和菓子から、今風の京スイーツなる面妖な菓子まで、圧倒的に多いのが菓子類で、ついで和装小物、或いは和風グッズ。いずれも京をイメージしての商品。

それらの中には、正しく歴史を引き継いでいるものもあれば、俄仕立ての京土産もある。その判別はなかなかに難しい。いつの間にか、超が付くような人気商品になったものもあれば、長い時を経て、変わらぬ人気を保ち続けるものもある。

京土産の和菓子として、昔も今も変わらぬ人気を保ち続けているのは八ツ橋。古くは焼菓子。その後に生八ツ橋、そしてアレンジ。時代の流れに合わせ自在に変化を遂げ、京土産の王者として長く君臨し続けている。

その多くはいわゆる土産として用を成し、京都を旅してきた徴として贈られる。

一方で、近頃の流行り言葉でいうところの、自分へのご褒美というか、自分への土産。この右代表が「**一澤信三郎帆布**」であることに異存はなかろう。知恩院古門近くの行列は当たり前の光景として、広く京都人に受け入れられている。

菓子にせよ、装飾品にしても、京都にはいくらでも名品と呼ばれるものがあるのに、なぜこの二者が傑出した人気を誇り、それが長く続くのか。

ここが京都だからである、としか答えようがない。理由があると言えばあるし、ないと言えばない。そこにあるのは京都人の感性、もしくは好みと置き換えてもいいような嗜好《しこう》があり、肩入れという言葉がふさわしいエールの成せるわざなのである。

「八ツ橋」は、京都人にとっては〝生〟ではなく〝硬い焼菓子〟

Map A　Map B

京土産の定番、八ツ橋という菓子のルーツは箏曲《そうきょく》八橋流を生み出した八橋検校《やつはしけんぎょう》にある。検校は近世箏曲を確立した後没し、黒谷「金戒光明寺《こんかいこうみょうじ》」の塔頭「常光院」に葬られた。師を悼む門弟たちは絶え間なく墓参に訪れた。それに向けて参道沿いで、琴の形に似せた焼菓子を売り出したのが、銘菓八ツ橋の起こりと伝わる。

多くの店が八ツ橋の本家を謳い、しかしながら醜い元祖争いなどはなく、京都駅の土産物売り場でも、仲良く店を並べている。

この辺りが実に京都らしいところであって、どの店も、自分のところの八ツ橋が一番美味しいだの、他店のそれを悪し様に言ったりはしない。内側ではそれなりに諍《いさか》いがあったりするのかもしれないが、表立っては、そういう素振りを決して見せないのが京都流なのだ。

これは何も八ツ橋に限ったことではなく、他の銘菓でも同じで、たとえば洛北は「今宮神社」の門前で、店を向かい合わせる〈あぶり餅〉の二軒などは、いずれもが本家、元祖を謳い、客を呼び込むが、奪い合うような醜い姿は絶対に見せない。いわば商売敵の、向かいの店で〈あぶり餅〉を買った客が自分の店の前で記念撮影をしていたとしても、嫌な顔ひとつせず、やさしく見守っている。こうして共存共栄をはかり、互いに切磋《せっさ》琢磨《たくま》することで、京都の店は長くそのクオリティを保ち続ける。

東大路通の丸太町近辺から、「金戒光明寺」へと通じる道沿いには、何軒もの八ツ橋専門店が並び、どの店に入ったとしても、美味しい八ツ橋を求めることができる。

そのうちの一軒「**聖護院**《しょうごいん》**八ッ橋総本店**」は、どことはなしに長い歴史を感じさせる外観で、それに引き寄せられるように、店に入る客も少なくない。

風雪に耐えてきた看板の書は、富岡鉄斎《とみおかてっさい》。屋号の「玄鶴堂《げんかくどう》」。名に重みを感じる。黒谷の黒を「玄」とし、琴の音に似た鳴き声をあげる鶴から「鶴」を取った。その風雅さに、本物だけが持つ、燻《いぶ》し銀の輝きを見る。

今日、八ツ橋と言えば、多くは生八ツ橋を思い浮かべるだろうが、京都人にとって、八ツ橋といえば断然焼菓子の方である。

琴の形に似せて、緩やかな曲線を描く薄板に、カリッと歯を当てれば、ニッキの香りとともに、はかなく折れて舌の上に横たわる。噛み締めると、米粉ならではの風味が広がり、爽やかな甘みが沁み渡っていく。

焼菓子として、不動の王座を確立した八ツ橋はやがて、焼かずに生で食べる、生八ツ橋という斬新な形へと、幅を広げていく。それはきっと、保存技術の発達によってのことだろうが、時を同じくして、生ビールが人気を呼ぶようになったのと同様、消費者が、〈生〉という冠に価値を見出し始めたからでもある。

色紙形のそれには真ん中に切れ目が入り、指で取ると、短冊形にすうーっとふたつに分かれる。くたっと指にまとわる生八ツ橋。その感触は官能的ですらある。指先を惜しみながら口に入れると、もっちりと歯に粘り、えも言われぬ食感が、ニッキの香りを纏《まと》って、口中に絡まっていく。

同じ八ツ橋であっても、生は希少性があり、数枚も食べると、贅沢が過ぎると、親から叱責されるのが、子供の頃の常だった。

その生八ツ橋に餡《あん》を包むという、贅沢極まりない菓子が生まれたのは、昭和三十五年（一九六〇年）のこと。表千家即中斎《そくちゅうさい》のゆかりの菓子は、あっという間に人気を呼び、〈聖〉と名付けられ、いつしか八ツ橋の主力商品となった。

焼いてよし、生もよし、餡を包んで更によし、の八ツ橋はその後、様々に工夫を凝らし、百花繚乱の様相を呈する。

京都の老舗は伝統を守りながらも、常に革新をも求める。大きく転換することはないが、創意工夫を凝らし、時には新たなブランドも立ち上げ、あぐらをかくことなく商いを続ける。だからこそ三百年を超えてもなお新鮮さを失うことなく、輝き続けるのである。

その一例が「nikiniki」。「聖護院八ッ橋」のニューブランドだ。四条西木屋町の角に建つ店には、従来の八ツ橋のイメージを打ち破り、季節の意匠を纏った愛らしい菓子がずらりと並んでいる。一見したところ、八ツ橋とは無縁の今風スイーツに見えるが、よくよく見れば八ツ橋をアレンジした菓子だと分かる。

今から十二年ほども前、「聖護院八ッ橋」から売り出された〈カネール〉という新たな八ツ橋菓子を見つけ、嬉しくなってすぐに拙著で紹介した。薄く焼いた八ツ橋をスティック状に細く巻いた菓子で、その優れたデザインと、お茶だけでなくコーヒーにも合いそうな軽やかさも相まって、きっとロングセラーになるだろうと確信しての紹介だったが、予想通り、十二年経った今も、この店の売れ筋商品となっているようだ。

三百年を超える店の歴史の中で、その時その時の空気に応じた商品を作り、しかし本筋は大切に守っていく。これが京都の老舗。

ニッキの香りに誘われて、そっと舌に載せると、どこからか琴の音色が聞こえてきそうな、風雅な菓子。八ツ橋は京都が誇るべき土産菓子である。

京都人の生活とともにある「一澤信三郎帆布」

Map C

食品以外での京都スーベニールと言えば、誰もがその名を挙げるのは「一澤信三郎帆布」。諸般の事情から少しく長い名前になったが、正しく伝統を受け継ぐ店の帆布グッズは、それを買い求めること自体が京都旅の目的になるほどの人気ぶりで、店の前に長い行列ができることも少なくない。

行列を苦手とする京都人は、その列を横目にして、冷ややかな表情で通り過ぎるのが通例。

「まずいことはないけど、並んでまで食べんならんような、おうどんと違うわなぁ」

「この暑い中、ご苦労さんなことや。他のお店教えてあげたいわ」

人気のうどん店の長い列を見て、そんな会話を交わすのが京都人。

まことにもってその通りであって、うどんにせよ、丼にしても、京都の街中には美味しい店がいくらでもある。多くが列を作る店はたしかに美味しいし、かく言う僕も過去にはお奨めの店として紹介したことがある。ただしそれは、長い行列などできていない頃の話であって、過去の記事を参考にしてお店を訪ねられた読者の方には、申し訳ないことだと思う。

せっかくの京都旅。ただ食べるためだけに並んで、貴重な時間を費やすのは何とももったいない。京都には見るべきもの、訪ねるべきところが限りなくあるのだから、時間は有効に使って欲しいと願う。

その行列うどん店から、さほど遠くない場所にある「一澤信三郎帆布」の前に行列ができていても、それを眺める京都人の目は明らかに先と異なる。

「あんじょうおさまってよろしおしたなぁ」

「ほんまどすなぁ。一澤はんとことは古ぅからのお付き合いやさかい、ホッとしましたわ」

行列を通り過ぎて、安堵《あんど》の表情を浮かべるのが大方の京都人。

同じ行列なのに、なぜそんな違いが出るかと言えば、それは後者が唯一無二の存在であるということと、もうひとつ、長く続く商いに対する真摯な姿勢だ。僕もそうなのだが、〈一澤帆布〉に対して、古くからの京都人は、身内同然の親しみを感じている。

僕が初めて〈一澤帆布〉と出会ったのは高校生の頃。

友人の実家の牛乳屋さんに頼まれて、ひと冬だけだが牛乳配達をした。受け持ち範囲は船岡山周辺で、アップダウンのきついエリアだった。運転免許も持たない高校生ゆえ配達は自転車。自転車の前と後ろにふたつずつ袋を付けて、早朝の牛乳配達に臨んだ。前の袋は牛乳入り、後ろの袋は空き瓶と分け、それぞれ三十本まで入るようになっていた。慣れてくると四十本、四十五本となるのだが、新人の僕には三十本で精一杯。それでも凍《い》てた道を漕ぐときは、バランスを取るだけでもひと苦労だった。

配達をするうち、ロープの柄が付いた丸底の前袋が軽くなっていく。後ろの袋は空き瓶だからいくらか軽いのと、後ろに重心が掛かる方がハンドル操作は楽だ。そしてついに前袋が空になったときの嬉しさは今でもはっきりと覚えている。

空になった白い丸底の袋は帆布でできていて、そこには〈一澤帆布〉というラベルが付いていた。

牛乳瓶の重さもだが、とかく気も重くなりがちな牛乳配達という仕事を、ひと冬無事にやり遂げられたのは、間違いなくこの〈一澤帆布〉の布袋のおかげである。機能性はもちろん、その美しいフォルムの帆布袋に励まされ、助けられたからこそできた牛乳配達。

僕だけでなく、多くの京都人はどこかしらの場面で〈一澤帆布〉に出会い、それを懐かしい思い出に繋げることがあるだろうと思う。そこが他の京都ブランドと大きく違うところ。

紆余曲折を経て、〈一澤帆布〉のラベルも無事に戻ってきたことにホッと胸を撫で下ろす京都人は少なくない。

旅人のみならず、都人にとっても「一澤信三郎帆布」は特別な存在なのである。

第四章 京都の桜と紅葉

京都の桜の定番

京都と桜。これほどに似合う取り合わせがあるだろうか。日本各地に桜の名所は数多《あまた》あれども、桜といえば京都。多くがそんな思いを抱く。それは一体なぜなのか。

たとえば〈都道府県の花〉というものが定められていて、それによると代表的な桜花〈染井《そめい》吉野《よしの》〉は東京都、妖艶な〈八重桜〉は奈良県である。京都府はといえば地味な〈枝垂れ桜〉。

なのに桜といえば、東京でも奈良でもなく京都と誰もが言う。そのイメージはどこから喚起されるのだろうか。

桜の樹の下にブルーシートを敷き詰めて、飲めや歌え、の花見といった光景は、京都では長く見掛けなかった。京都で〈花見〉といえば、都大路をそぞろ歩きながら、ふと愛《め》でる枝垂れ桜。或いは山里に足を運んで、古寺にひっそりと花を開く山桜を見上げるのが通例である。

つまり京都で愛でる桜は本来〈宴〉と結び付くものではなく、もっと日々の暮らしに密

着しているか、或いは日常と乖離《かいり》した別世界のものなのである。

たとえば、京都市民の憩いの場である鴨川や、京都御苑へ散歩に出向き、桜を愛でる。或いは通勤、通学の途上で、桜の下を歩く。歩きながら桜の樹を見上げ、あまりの美しさにふと立ち止まる。そしてそれを瞼の裏に焼き付けたなら、また歩き始める。それが都人の〈花見〉なのだ。

抜けるような青空には似合っても、醜悪なブルーシートの青を桜が嫌うことを、都人の多くは知っている。

桜が最も美しさを際立たせるのは、何といっても水辺だ。水面に伸ばす枝、或いは、はらはらと流れに降る花びら。清き流れに映る桜色こそ、京都の桜なのである。

街中なら祇園白川がいい。叶うなら夜桜。

艶《つや》やかな三味《しゃみ》の音《ね》に耳を休め、艶《あで》やかな舞妓姿に目を留める。そしてそれらを彩る桜に心を和ませる。

――かにかくに祇園はこひし寝るときも　枕の下を水のながるる――

こよなく祇園を愛した吉井勇も、白川の夜桜に酔い痴れたひとりである。

街外れのお奨めは「**哲学の道**」。

思索に耽《ふけ》るのもいいが、できるならふたり肩を寄せ合って、細い堤をそぞろ歩きたい。水面に伸びた枝から落ち行く花びらが、うたかたとともに北へと流れ行く。黒髪に留まった花びらを、そっと指で摘《つま》んで川面に散らす。

散り行く桜と流れ行く水に、自らの人生を重ねる。それが京都の〈花見〉。

1. 西山沿いのさくら道――花は静かに見るべかりけり

桜-1

春の京都。多くの旅人が憧れる季節であり、実際に一年を通じて、京都が最も賑わうときでもある。

梅、桃と艶色の花が咲き競う頃から、早咲きの桜が蕾を開き始める弥生《やよい》半ばを経て、遅咲きの桜が花吹雪を舞わせる卯月《うづき》の頃まで、都大路は人波で埋まる。そのお目当ての多くは、やはり桜花。

桜前線が北上するに伴って、新聞やテレビでその様子を伝えるが、他の地で行われている花見を見て、多くの都人は首を傾げる。映し出された様子があまりにも、我が京都と異なるからである。

典型は上野公園辺りの花見だろうか。早朝の場所取り合戦から始まり、青いビニールシートを敷き詰めて、飲めや歌えの大騒ぎが夜遅くまで続き、日がな一日、酔っ払いたちが、桜の下で赤ら顔を踊らせる。

京都人から見れば、これは花見ではない。花を見るという言い訳を付けての乱痴気騒ぎである。

近頃は円山公園や鴨川堤でも、時折似たような光景を見掛けるが、それは京都へ出て来て間もない学生たちか、もしくは近隣府県からの遠征組である。京都に生まれ育った者ならば、桜の見方は子供の頃から肌身に染み付いている。

花は静かに見るべかりけり。この一言に尽きる。高歌放吟と、京の桜はいかにも相性が悪い。更に言えば、淡い桜色の下に、あのブルーのシートを敷くという醜悪な色彩感覚は都人にはない。では、京都の花見はいかなるものか。道筋を辿りながらご紹介しよう。

京の花は、そぞろ歩きながら眺めるのを以て良しとする。それは、一箇所に留まっての独り占めを避ける意も含んでいる。場所取り、などという無粋な言葉は花に似合わぬと、都人なら誰もが思っている。

その、そぞろ歩きにも、ふた通りあって、ひとつは花を求めて道筋を辿ることであり、いまひとつは、歩くうちに、ふと出会い、見上げる花である。

まずは、花を求めてのそぞろ歩き。洛北から洛西へ、西山の裾に沿って歩く花の道からご紹介しよう。

京都の街歩き、基本は北から南へ、である。なぜかといえば、北へ行くことを上る、南へ進むことを下るという通り、京の街は北から南へと下り坂になっている。洛南「東寺」の五重塔のてっぺんと、洛西「金閣寺」の池とが、ほぼ同じ高さだと言われている。したがって、北から南へ歩く方が楽なのである。

地下鉄とバスを乗り継いでも、タクシーでもいい。とりあえずは洛北鷹峯を目指す。最初に見るべきは「**常照寺**《じょうしょうじ》」の桜である。

石畳の参道。両側に植わるのは〈吉野桜〉と呼ばれ、参道の奥に建つ山門もまた〈吉野門〉と呼ばれている。

桜といえば吉野。奈良の奥山に咲く桜は全国にその名を轟かせているが、それは今に始まったことではなく、江戸の初め頃も同じだったようだ。

〈浮舟〉と名乗っていた、島原の太夫は桜の歌を詠み、以後は〈吉野〉と名を変え、その吉野太夫ゆかりの寺がこの「常照寺」である。寺の開祖である日乾《にちけん》上人に帰依した吉野太夫は、身請けされたときの金子《きんす》を投じて、山門を寄進し、この寺に眠っている。長くなるので、その悲話の詳細は省くが、往時の桜が今も同じ地で、花を付けるのが京都という街であることを、まずは見届けて、花の道を辿りたい。

「常照寺」を出て南へ歩くと、〈迷いの窓〉と〈悟りの窓〉で知られる「源光庵《げんこうあん》」、本阿弥光悦が芸術村を開いた「光悦寺《こうえつじ》」と古刹《こさつ》が並ぶ。

ところでその「源光庵」だが、丸窓が〈悟り〉、角窓が〈迷い〉なのに、僕は随分と長い間、逆だと思い込んでいた。パンフレットをよく読まなかったせいだが、四角い範囲にきっちり収まる景色に安定感があり、丸窓に見え隠れする紅葉は不安定に感じたから。どのみち、〈悟り〉とは縁遠い人生なのだが。

それはさておき、両寺とも紅葉の名所ではあるが、桜花は少ない。土塀越しに花を覗かせる染井吉野を横目にして更に南へと辿るのが正しい。

なだらかな坂を下りると、やがて右手に広大な庭園を持つ「しょうざん」が見えてくる。飲食店や物販店を擁する商業施設だが、広い庭園に咲く桜もまた見応えがある。中華、和食、カフェテラスなどでランチタイムとするのもいい。

この庭園では梅の花もまた見ておきたいところ。三月の初め頃、甘い香りが漂い、誘われるままに辿れば、きっと梅の花にも出会える。

更に南へ進むと「**金閣寺**」へと辿り着く。名所中の名所ではあるが、桜の名所とは言えず、そのせいか春の人出は存外少ない。雑踏と無縁の「金閣寺」は、花の頃ならではかもしれない。

群れる桜ではなく、緑の合間に花を揺らせる様は侘びた風情。金色に輝く〈舎利殿〉の傍に立つ桜が〈鏡湖池〉に花びらを散らす様などは、一幅の日本画のようにも見える。恥じらう乙女のように、隠れ咲く花は、この寺独特のもの。

さて、この「金閣寺」を出てのち、花を辿るのに、ふたつの道筋がある。ひとつは〈きぬかけの路〉と呼ばれる、衣笠山の麓を巡る道。もうひとつは〈氷室道〉を通って、原谷の山里まで辿る道筋。後者で目指すのは「**原谷苑**《はらだにえん》」。京都でも指折りの桜の名所である。

ひと山越えるといった風だから、健脚の方以外はバスかタクシーを利用した方がいいだろう。寺でも神社でも、旧跡でもなく、言わば農園なのだが、四月に有料公開されるや否や、コアな桜ファンが馳せ参じる。拝観料ならぬ入苑料を払ってでも、その価値があると認めるからだが、よく手入れの行き届いた桜の園はまさしく桃源郷である。飲食物や三脚の持ち込み禁止などの制約はあっても、一度この桜を見た者は、必ず二度、三度と足を運ぶことから、その花の素晴らしさが分かろうというもの。足に自信があるなら、ここから

「**仁和寺**《にんなじ》」へと山道を下るのも愉しい。

先に挙げた〈きぬかけの路〉とは「仁和寺」で合流することになる。「原谷苑」を省くなら、緩やかな〈きぬかけの路〉を歩き、「**龍安寺**」へと向かう。

「龍安寺」と言って、誰もが思い浮かべるのは石庭。謎に満ちた枯山水の庭である。

わずか十五個の石を配し、三方を油土塀で囲んだだけの庭は相阿弥《そうあみ》の作とも伝わるが定かではない。俗に〈虎の子渡しの庭〉とも〈七五三の庭〉とも呼ばれ、主に四つの謎が秘められている。

余談になるが、この庭を前にすると、誰もが決まって険しい顔になる。庭の謎を解き、俄哲学に耽るからだろうが、その様子を横目で盗み見ることを、この庭の密かな愉しみとするのも、京都人のイケズな習い性である。

それはさておき、この寺の見るべき桜、第一はこの石庭の正面に姿を見せる。方丈の真向かい、油土塀の上から覆い被さるように枝を垂れる枝垂れ桜のなんと美しいことよ。

次に方丈前の八重桜。〈鏡容池〉に姿を映す桜、そして何をおいても見ておきたいのが〈**桜苑**《さくらえん》〉。「原谷苑」に勝るとも劣らない、見事な桜の園である。

あまりにも石庭のイメージが強いせいか、多くが〈鏡容池〉へ出てしまい、境内の奥まったところにある〈桜苑〉へ足を運ぶ人が少ないのはいかにも惜しい。

方丈を出て〈桜苑〉へ向かう石段の横では、三色のシャクナゲが迎えてくれる。そしていよいよ〈桜苑〉。

百花繚乱という言葉を誰もが浮かべるだろう。それほどに春の花が咲き競う小道が続く。枝垂れ桜、八重桜、赤い椿、木蓮、そして木瓜の花。分けても枝垂れ桜が、まるで空から降るように、たわわに枝をしならせる様は、美しいという以外の言葉を見つけられない。

「原谷苑」と並んで、「龍安寺」の〈桜苑〉は、わざわざ足を運びたい、桜の隠れ名所。

「龍安寺」で花を堪能しても、また趣きの異なる桜を見んとして「仁和寺」の山門を潜る。

「原谷苑」から下って来たら東門が近いが、できれば〈きぬかけの路〉に面した二王門から寺に入りたい。

光孝《こうこう》天皇から宇多天皇へと御所の思いを引き継ぎ、その後、門跡寺院として長く隆盛を誇った寺。その面影をこの二王門に見ることができるからだ。

四月も十日を過ぎ、洛中の花が概ね散った後。完全な和様で統一されたこの門を潜り、中門を経て、五重塔を右手に見上げたなら、視線を左に移す。と、そこには艶やかな桜の群れが広がっているはずだ。

遅咲きで知られる「仁和寺」には、八重の桜が多く並び、〈有明《ありあけ》〉〈殿桜《とのざくら》〉〈御車返《みくるまがえし》〉など、風雅な名前が付けられている。これもまた御所ゆかりの寺ならではのこと。

中でも見るべきは〈有明〉の桜。一重八重の桜は、驚くほどその花の密度が濃く、満開ともなれば、まるで雲海のように花が霞《かす》んで重なり合う。その名の通り、夜が明ける前に見てみたいと願うものの、まだ門は開かぬ。せめては陽が高くなるまでに、その花を眺める。御室《おむろ》の桜独特の低木に顔を寄せれば、高貴な春の香りが匂い立つ。

「アンタ〈御室の桜〉やなぁ、て面と向かって言われてムカついてるんや」

「鼻が低いのはお父ちゃん譲りやから、しゃあないがな」

「けど、すぐ言い返しといた。『へえ、皆が散った後、トリで咲かさせてもらいます』て」

「よう言うた。さすがウチの娘や」

娘と母がそんな会話を交わすのも京都ならではの婉曲表現。花（鼻）が低く遅咲きを特徴とする御室の桜までをも巧妙に言い回す。

一方で古歌を襲《かさ》ねながら、御室の桜に思いを寄せるのもまた、都人の常。

——春風の　吹かぬ世にだにあらませば　心のどかに花は見てまし——

宇多天皇の作と言われる歌は、

桜-1 西山沿い

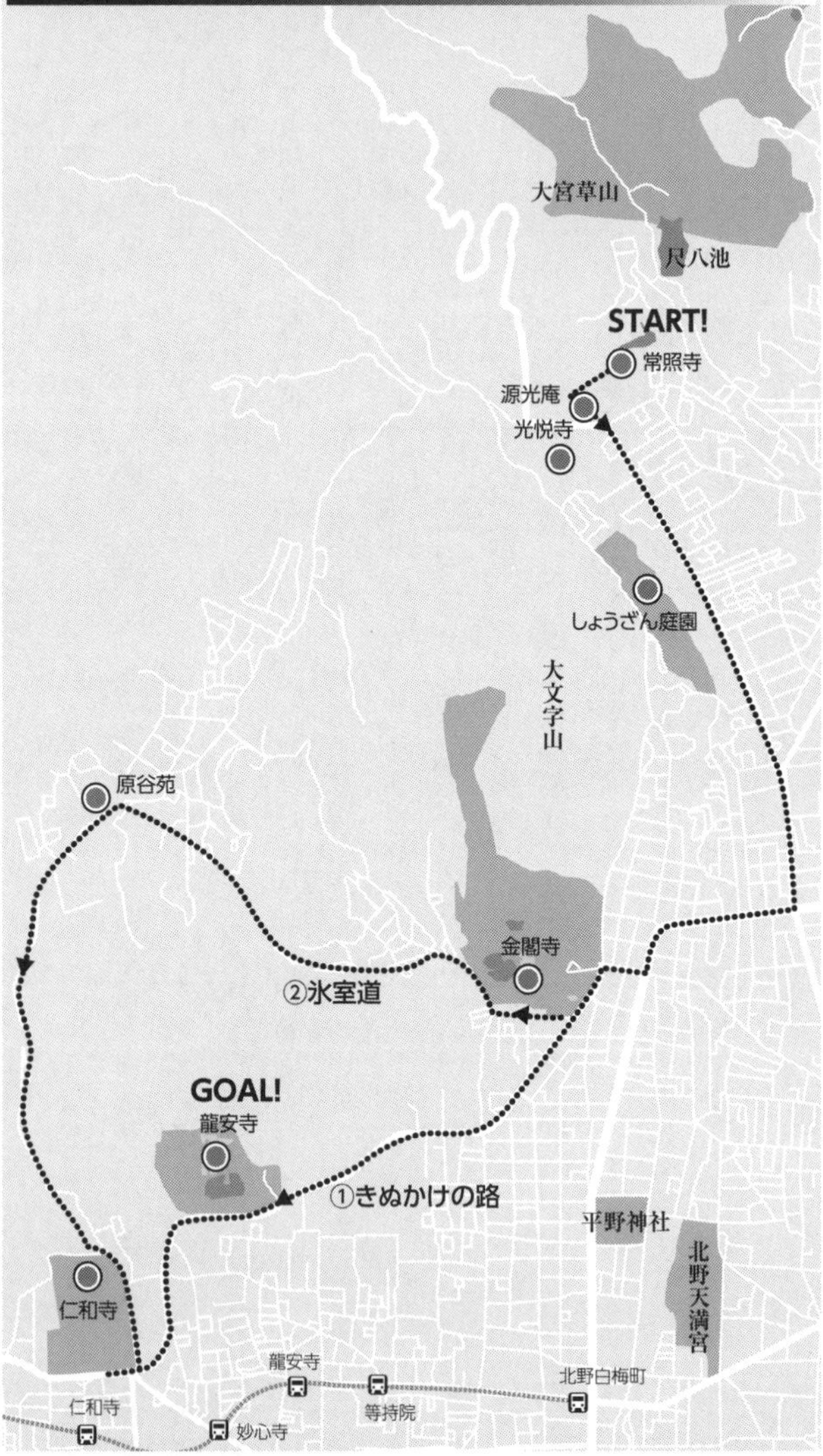
大宮草山
尺八池
START!
常照寺
源光庵
光悦寺
しょうざん庭園
大文字山
原谷苑
金閣寺
②氷室道
GOAL!
龍安寺
①きぬかけの路
平野神社
北野天満宮
仁和寺
龍安寺
等持院
北野白梅町
仁和寺
妙心寺

——世の中に　たえて桜のなかりせば　春の心はのどけからまし——

在原業平《ありわらのなりひら》に倣ったのだろうか。人の心を騒がせる桜花。それを目指すことなく、ふいに出会うのもまた一興。ふと立ち寄っての桜もまた、心をざわつかせる。

2. 御苑〜賀茂川、鴨川堤——拝観料も閉門時間もない 桜-2

最初から花を目当てにして、道筋を辿るのも愉しいのだが、本来の京都人的スタイルから言えば、特段、花を求めていたわけではなく、たまさか通り掛かった古刹や道沿いに、思いがけず見事に開いている花に目を留め、ふと立ち止まる、そんな風な花見を風流とするものである。

来客の報せがあり、茶菓子などを買い求めようとして、和菓子屋へ赴いた道すがら、黒塀の上から顔を覗かせる紅枝垂れ桜などに、格別の趣きを感じるのが都人の倣いであり、旅人もまた然り。古社寺、名刹、名所を訪れて、道すがらに咲く花に目を留めるのが、京都流の花見。それをして僕は、立ち寄り桜と呼んでいる。幾つかの点景をご紹介しよう。

たとえば、大河ドラマの流れに沿って、新島《にいじま》八重ゆかりの地を訪ね歩くうち、偶然目にした桜花などが、京の街にはふさわしい。

京都で新島八重と言えば新島襄《じょう》。すなわち同志社ゆかりの人として知られる。烏丸今出川から東へ歩くと、北側に広がっているのが同志社大学のキャンパス。ヴォーリズをはじめとして、名だたる建築家の手によって建てられた、レンガ建ての洋館建築。その間にもちらほらと染井吉野が顔を覗かせるのが、いかにも京都らしいところ。

そして北側から南へと目を移せば、そこには深く豊かな緑が続いている。ここが京都市民憩いの場である「**京都御苑**」。しかし不思議なことに、この辺りを歩く京都人に「京都御苑」の在り処を尋ねても、首を傾げられるか、或いは「知らない」との答えが返ってくる。正しくは天皇家の住まいのみを〈御所〉と呼ぶのだが、多くの都人は「京都御苑」全体を〈御所〉と呼ぶゆえのこと。余談はさておき、今出川御門から中に入ってみる。

玉砂利を踏みしめて、少しばかり西に歩くと、見事な枝垂れ桜の一群に出会う。「**近衛**《このえ》**邸跡**《ていあと》」である。

摂政、関白を多く輩出した、五摂家のひとつ近衛家。ここに植わる桜は「京都御苑」の中で最も早く花が開くことで知られ、中でも糸桜の美しさは傑出している。

——昔より　名にはきけども今日みれば　むべめかれせぬ　糸さくらかな——

孝明《こうめい》天皇が歌に詠まれたように、聞きしに勝る美しさに、訪れた誰もが息を呑む。紅枝垂れ桜とは違って、白に近い色の淡さが、いかにも名家の庭にふさわしい気品を感じさせる。

「京都御苑」では他に、エドヒガン、サトザクラ、オオシマザクラなど多種多様な桜が、少しずつ時期をずらして花を咲かせるが、中でも僕がお奨めするのは、「京都御苑」の東側、**「学習院跡」にある〈桜松〉**だ。

かつてここに堂々たる老松がそびえ立ち、その虚《うろ》から、花を咲かせる桜があった。風雅な姿はやがて、春の大風によって倒れてしまう。今から十九年ほど前のことである。命尽きたかと思われた老松だが、地に横たわったままで、毎年花を咲かせている。朽ちた倒木から枝が伸び、桜花が開く。なんとも不思議な光景は〈御所〉ならではのもの。途絶えたもの、命尽きたものへの愛惜の念を持ち、慈しむのは都人のつとめでもある。

桜のみならず「京都御苑」は梅、桃の名所でもある。南西側、出水口の近くには梅林があり、二百本を超える梅の木が三月半ばまで白、赤、桃色の花を咲かせる。そしてその梅林の北にある桃林には百本近い梅の木が植わり、梅が終わった頃から、四月半ばまで桃色の花を付ける。梅、桃、桜。春の〈御所〉は平安の都を思わせる華やぎに包まれる。

〈御所〉と並んで、京都市民憩いの場と言えば、誰もが**「鴨川」**の名を挙げるだろう。

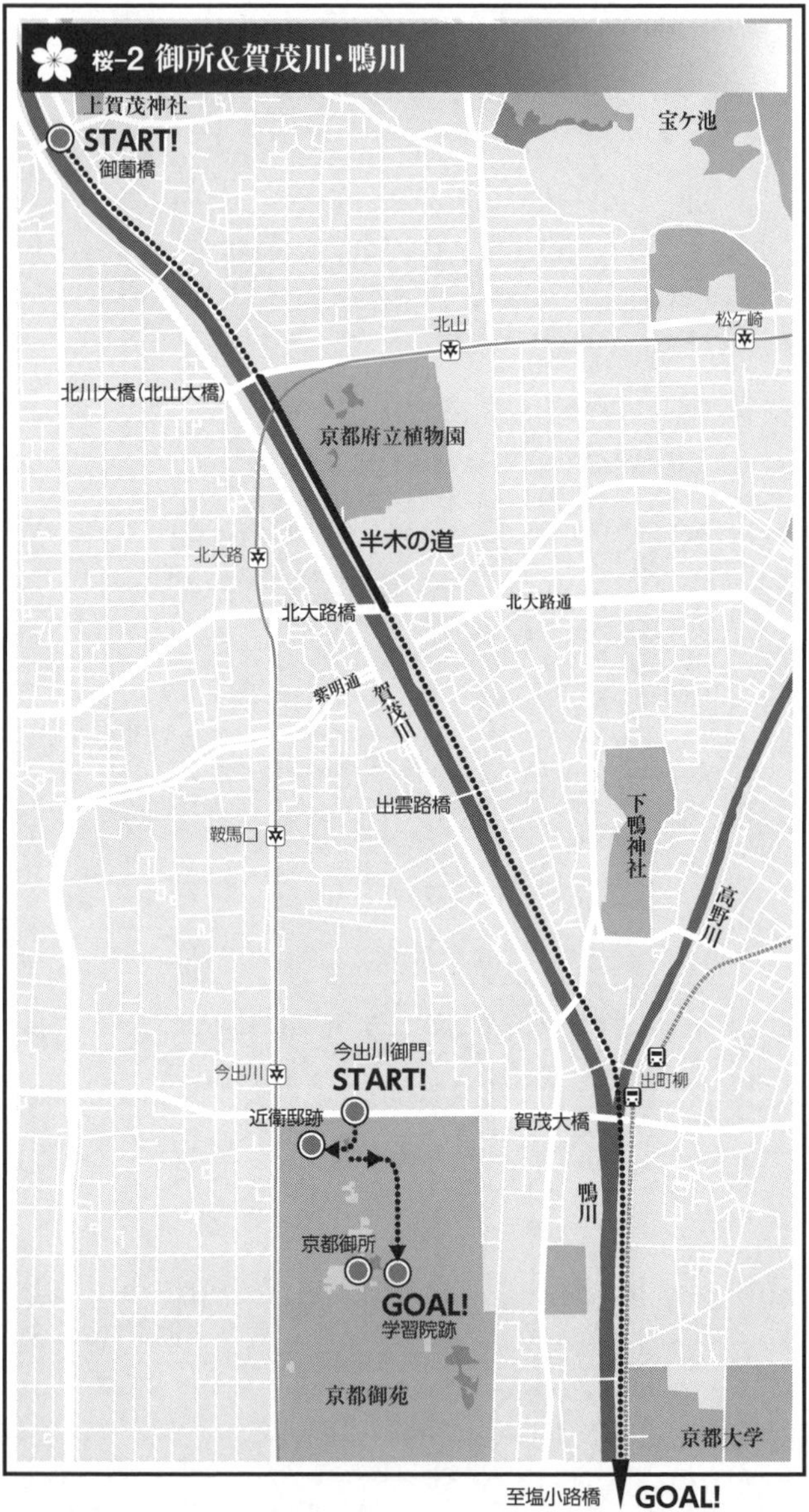
桜-2 御所&賀茂川・鴨川
上賀茂神社
START!
御薗橋
宝ケ池
北山
松ケ崎
北川大橋(北山大橋)
京都府立植物園
半木の道
北大路
北大路橋
北大路通
紫明通
賀茂川
出雲路橋
鞍馬口
下鴨神社
高野川
今出川御門
START!
今出川
出町柳
近衛邸跡
賀茂大橋
鴨川
京都御所
GOAL!
学習院跡
京都御苑
京都大学
至塩小路橋
GOAL!

「高野川」と合流する前の「賀茂川」と、合わさった後の「鴨川」。どちらも見どころは多い。

京の街中を北から南へと流れる川。旅人の目に触れるのは、概ね「上賀茂神社」近くの**「御薗橋」辺りから京都駅近くの「塩小路橋《しおこうじばし》」近辺まで。**京都を旅すれば、きっとどこかでその流れと交わる。

北から辿れば**「北山大橋」から「北大路橋」まで**の東岸に紅枝垂れ桜が咲く道には**「半《なか》木《らぎ》の道」**という名が付く。そしてその対岸と、そこから下流の東岸辺には、ずらりと染井吉野が並び、**「出雲路《いずもじ》橋」を越えて「賀茂大橋」近辺まで**桜並木が続く。桜三昧の河原。

無論その下流に至っても、桜花は絶えることがないが、その見方としては、背景と重ね合わせることがポイントとなる。東山三十六峰のなだらかな山並みを背にした桜となれば、やはり西から東を眺めたいところ。

3．街のなかの立ち寄り桜——道すがらに咲く花に目を留めるのが都人の花見　桜-3

「京都御苑」と賀茂川、鴨川堤。どちらも拝観料も要らなければ、閉門時間もない。思い立てば、いつでも見られるのが嬉しく、新島八重ゆかりの地を辿るなら、この間に幾つもある。

たとえば「**京都府庁**」。

「京都府庁」の旧本館、その中庭には枝垂れ桜や大島桜が桜の園を作り、クラシックな洋館建築と見事なコントラストを見せる。毎年三月二十日過ぎから、四月初め頃まで観桜会が催され、多くの京都府民で賑わう。

八重と新島襄の仲を取り持ったのは、当時の京都府知事、槇村正直《まきむらまさなお》だった。槇村は東京奠都《てんと》後の京都復興に尽力し、その後を継いだ北垣国道《きたがきくにみち》もまた、今の京都の礎を築いた。

京都の小学校で学んだ者なら、北垣国道の名を知らぬ者などいない。技術者である田辺朔郎《さくろう》とともに、琵琶湖疏水を引き、今日の京都が〈水〉なくしては存在し得ない都となった、その最大の功労者である。そしてその**琵琶湖疏水の流れ**には、必ずと言っていいほど、春の花が寄り添っている。

北から辿れば「**松ケ崎浄水場**」沿い、「**京都府立大学**」から東へと辿る疎水沿い、高野川を東に渡って「**銀閣寺**」から「**哲学の道**」へ。どの水辺にも当然のようにして、桜が植わっている。

分けても「哲学の道」の桜は圧巻。彼の日本画家、橋本関雪《かんせつ》の名を取って、関雪桜と名付けられた桜が、疎水の流れに枝を伸ばす。この桜の一番の見どころは散った後。先に、京都は南より北の土地が高いと書いた。当然ながら川はすべて北から南へと流れている。だが、この疎水だけは南から北へと流れている。琵琶湖から引いて来ていることの証が、四月の十日頃、花筏《はないかだ》となって現れる。銀閣寺交番の裏手辺りを先頭にして、桜色の花びらで水面が埋まる様は圧巻。この頃に「銀閣寺」を訪れたなら、是非川面を覗いてみて欲しい。きっと〈桜川〉になっている。

その「**銀閣寺**」はまた椿の名所としても知られる。総門から中門へと至る参道の両側には、背の高い〈銀閣寺垣〉が続き、三月から四月にかけて、赤い侘助椿が花を開かせる。艶やかな桜とは違い、凛《りん》とした風情を漂わせる椿も京の春を謳う。

「哲学の道」。どんな思索に耽ろうかと思えども、近年は若い女性の姿が目立ち、（迷い）が先に生じる。縁結びのご利益絶大と言われる「**弥勒院**《みろくいん》」の「幸せ地蔵」目当ての女性たち。

明治の大事業、琵琶湖疏水が作り出す名景は、まだまだある。

琵琶湖から東山を貫き、その姿を現す「**南禅寺**」近辺から、岡崎界隈の名庭園を潤すのは琵琶湖疏水の水。池泉回遊式庭園が多いのはそれゆえでもある。名工小川治兵衛の手になる名園は界隈に幾つもあるが、最もよく親しまれているのは「**平安神宮**」だろう。

——まことにここの花を措いて京洛の春を代表するものはないと云ってよい——

谷崎潤一郎は『細雪』で、川端康成は『古都』で、ふたりの文豪が同じように絶賛しているように、「平安神宮」の神苑に咲く、八重の紅枝垂れ桜は実に美しい。妖艶という言葉がふさわしい花は、琵琶湖疏水を引いた池の水面に色を映し、より一層の艶めきを見せる。

——忽ち夕空に広がっている紅の雲を一年待ち続けた——

そう谷崎に描写させるほどに見事な桜は、古く糸桜とも呼ばれ、この界隈のシンボルでもあったようだ。

——白川の梢を見てぞなぐさむる　吉野の山にかよふ心を——

西行が詠んだ白川とは、この岡崎界隈の古名。洛中の大方の桜が散った後に花を開かせる。遅咲きの桜ゆえ、誰もが待ち焦がれ、そして散り行く様に古人《いにしえびと》は、ものの哀れを感じ取ったに違いない。

洛西の花を辿る道は順を追い、そして洛中は立ち寄り桜を点景として、縷々《るる》ご紹介して

桜-3 街の桜

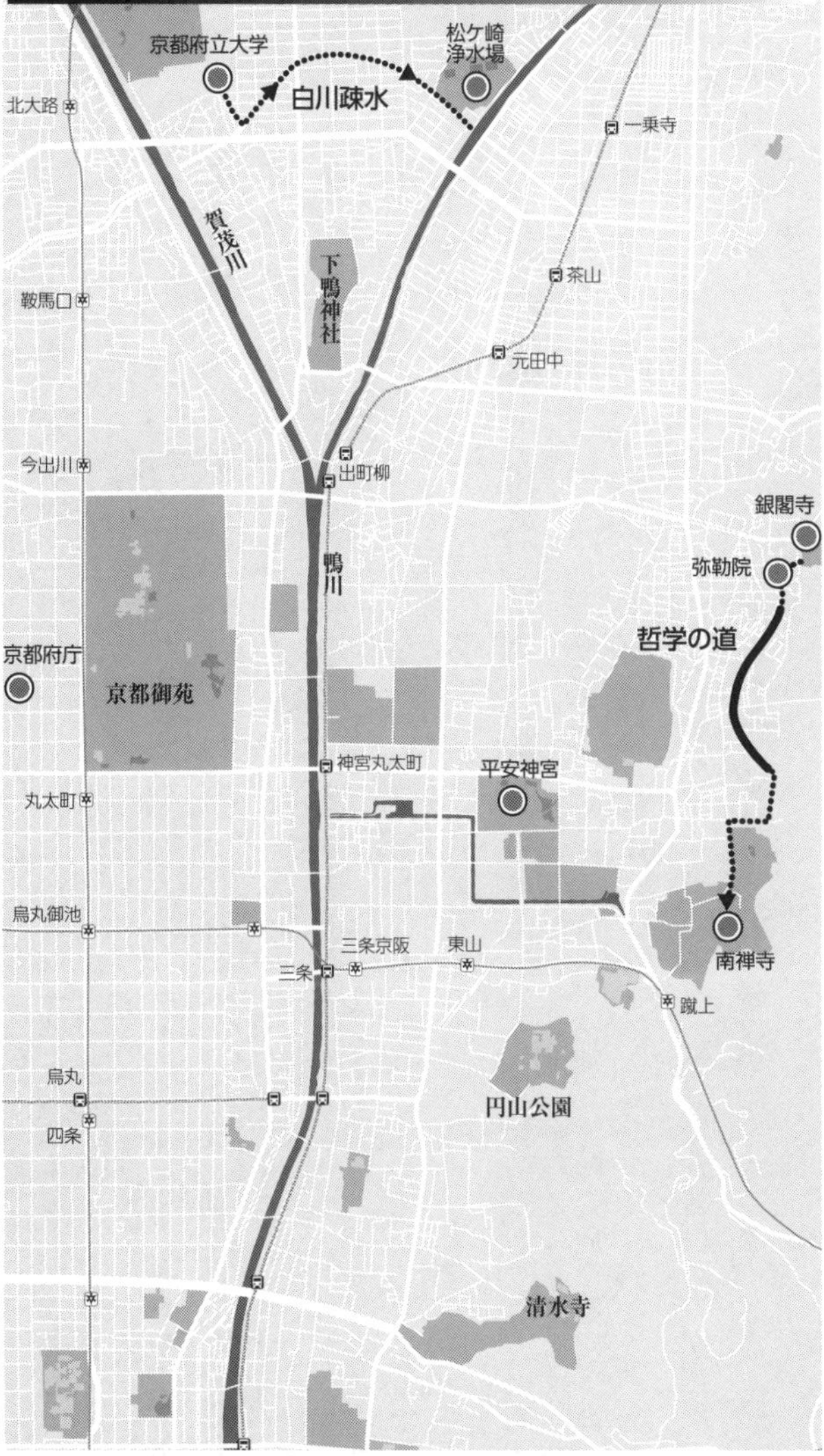

京都府立大学
松ケ崎
浄水場
白川疏水
北大路
一乗寺
賀茂川
下鴨神社
茶山
鞍馬口
元田中
今出川
出町柳
銀閣寺
鴨川
弥勒院
哲学の道
京都府庁
京都御苑
神宮丸太町
平安神宮
丸太町
烏丸御池
三条京阪
東山
三条
南禅寺
蹴上
烏丸
四条
円山公園
清水寺

きたが、「円山公園」「清水寺」「南禅寺」など、京の街には他にも、まだまだ数多くの花の名所がある。

どれもが美しく咲くが、**その花だけを見るのではなく、後ろにある背景、花を包む空気をも合わせて眺めることが、京の花見の醍醐味《だいごみ》。更には古人の歌や文、辿る歴史とも重ね合わせ、古きに思いを寄せてこそ、都の花をより一層味わい深くさせる。**

花は静かに見るべかりけり。これが京の花見、唯一の極意である。

京都の紅葉の定番

1. 茶心のもみじ道——利休の時代へ心を飛ばす

紅葉-1

秋も深まる十一月は、茶人にとって、もみじだけでなく、格別な意味合いを持って迎える季節。夏の間閉じていた炉を開き、いよいよ茶の季節が始まるからである。

茶人たちははたして、どんなもみじを愉しんできたのだろうか。戦国時代から安土桃山時代を駆け抜けた茶人、千利休《せんのりきゅう》ゆかりの地を辿りながら、桃山の頃のもみじに思いを馳せる。

茶を喫する前に、まずは菓子。京都最古ともいえる茶店菓子から、もみじ巡りを始める。洛北「**今宮神社**」。境内の東側に連なる石畳。初めて訪れても、きっと懐かしさを覚える筈。それはこの道が、数え切れないほど、時代劇映画やテレビドラマの舞台になってきたからである。

素朴な菓子である。竹串に刺した小餅を炭火で炙《あぶ》り、味噌を塗《まぶ》す。石畳の両側に、向かい合って元祖と本家がその味を競っているのも長く変わらない。

もみじの見頃は十一月の終わり時分。静かな境内のあちこちに、もみじの葉が揺れる。拝殿の前、狛犬《こまいぬ》の後ろに控える一本もみじが最も「今宮神社」らしい。天邪鬼《あまのじゃく》に支えられた狛犬ともみじのコントラスト。

境内には多くの摂社が並び、もみじを愛でながら順に参拝するのも愉しい。鯰《なまず》絵を彫った石を探し、重軽石《おもかるいし》（力石）で吉凶の兆しをたしかめてから、楼門を出て社を離れる。

今宮門前通。鳥居に通じる参道を南に歩くと、西側にはちらほらと朱いもみじが色付いている。その向かい側、「**大徳寺**」の土塀に沿っては銀杏の樹が並ぶ。紅葉ならぬ黄葉。実はこれこそが平安の都人が愛した、もみじなのである。

もみじといって多くが思い浮かべるのは紅色から深赤色だが、黄金色に葉を染める銀杏の樹は高貴な姿にすら映る。

『万葉集』で歌われているのは、紅より黄色が多い。侘び寂びに通じるのか、茶人もまた黄葉を好んだようだ。裏千家の徽は銀杏の葉である。

鳥居まで下がらず、東に折れて「大徳寺」の境内に入る。千利休と浅からぬ縁のある禅寺「大徳寺」には、公開、非公開合わせて二十二にも及ぶ塔頭がある。選んで拝観するなら「高桐院《こうとういん》」だろうか。細川ガラシャゆかりの寺。庭の美しさが際立ち、見事な紅葉が彩りを添える。東西に延びる細道を南に下る。

更なるもみじを求めるなら「黄梅院《おうばいいん》」、利休の墓を擁する「聚光院《じゅこういん》」も見ておきたい。非公開の時期なら門外から眺めるしかないのだが。

「大徳寺」と利休。忘れてならないのが赤い山門「金毛閣」。京都二大難癖のひとつの舞台である。

山門の上に利休の木像を置いたことは、そこを潜る秀吉を足蹴にすることになる。ケシカラン！　と激怒した秀吉は、利休を強く叱責し、利休が自決する、ひとつの切っ掛けとなった。

因果応報。利休にイチャモンを付けた秀吉が、今度は家康にやり込められる。ここより遥かに南東、東山「方広寺《ほうこうじ》」にある〈国家安康〉の鐘がそれだ。

秀吉が建立に関わった「方広寺」。その鐘楼に吊るされた鐘には〈国家安康　君臣豊楽〉と記されていた。

これにかみついたのが家康。これらの文字が、家康を切り裂き、豊臣家の繁栄を意味する言葉だと、家康は秀吉に強く抗議する。これが結果として大坂夏の陣へと繋がり、豊臣家が滅ぶ端緒となった。家康は利休の仇を取ったのではないかとも思う。東山に思いを馳せつつ先に進む。

境内を出て、南東方向へと辿る。

堀川通と紫明通が交わる辺りからは、東へ進んで賀茂川までというのがひとつめ。或いはふたつめに、南に下ると今出川辺りまで、中央分離帯に**銀杏並木**が続く。叶うなら朝陽か夕陽の頃を目指したい。朱の陽射しを受けて黄金色に輝く銀杏もみじは、泣きたくなるほど美しい。

おすすめは三つめ、堀川通から、ひと筋東の小川通へと向かう。ここが茶道の総本山。裏表千家が軒を並べている。そのすぐ前の寺**「本法寺《ほんぽうじ》」**もまた、**隠れもみじの寺**である。茶稽古にいそしむ着物姿の女性たちが境内を行き交い、その黒髪にもみじの葉がひとひら

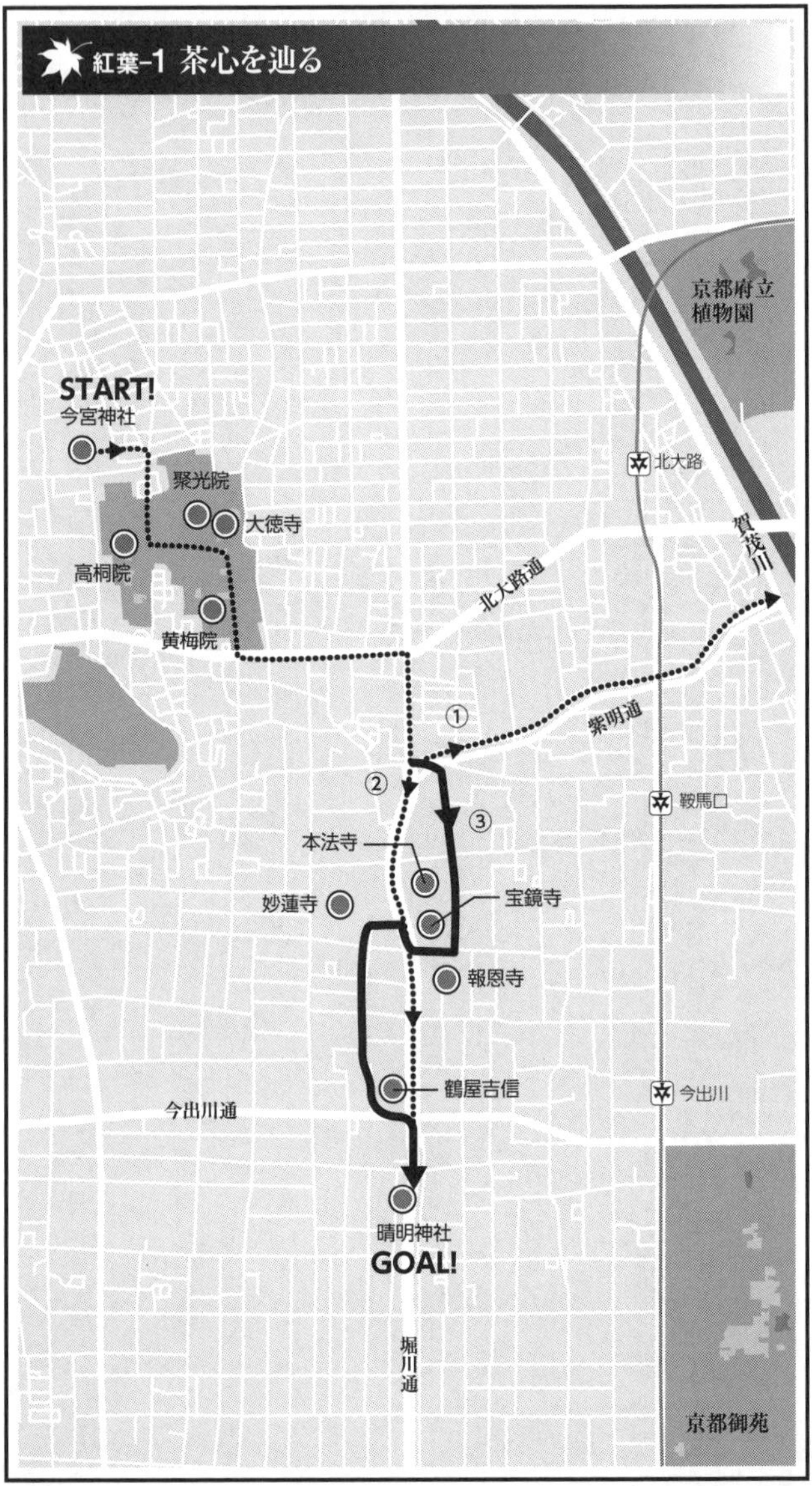
紅葉-1 茶心を辿る
京都府立
植物園
START!
今宮神社
聚光院
大徳寺
高桐院
黄梅院
北大路
賀茂川
北大路通
①
紫明通
②
③
鞍馬口
本法寺
宝鏡寺
妙蓮寺
報恩寺
鶴屋吉信
今出川通
今出川
晴明神社
GOAL!
堀川通
京都御苑

でも留まれば風情満点である。

堀川通を西に渡れば「**妙蓮寺**《みょうれんじ》」、南に下れば「**宝鏡寺**《ほうきょうじ》」。数は少ないが朱色がちらほら。すぐ南の「**報恩寺**《ほうおんじ》」、通称〈**鳴虎**《なきとら》**さん**〉にも侘びたもみじが、ひっそりと佇んでいる。秀吉が聚楽第《じゅらくだい》に持ち帰った寺宝の虎図、これが夜ごと吠えて鳴くという。眠れぬ夜を過ごした秀吉はこれを寺に返したといういわれがある。

更には〈**撞**《つ》**かずの鐘**〉。鐘の鳴る数を当てるのに、騙《だま》された織女《しょくじょ》が鐘に首を吊って自害した。その祟《たた》りを恐れ、朝夕の鐘を撞かないと伝わる。観光客とは無縁の隠れ寺にも、こんな逸話が残っているのが、京都という街の奥深さである。

更に南へ。堀川今出川の角には老舗菓子商「**鶴屋**《つるや》**吉信**《よしのぶ》」がある。大店ではあるが、茶店でいっぷくできるのがありがたい。

茶心のもみじ道も、いよいよ終盤。かつて利休が住んでいた屋敷跡を訪ねてみる。陰陽師で知られる「**晴明神社**《せいめい》」の一角にその跡を記す石碑が建っている。かつては良好な関係を築いていた秀吉の本拠地、聚楽第の脇に利休はその住まいを置いていたのである。

「晴明神社」の境内にも、何本かのもみじが植わっている。ここで買い求めておきたいのは秋限定の〈もみじ守〉なるお守り。愛らしいデザイン、季節限定のレアグッズ。

堀川通を南へ、広い通りを東に渡ると、そこは一条戻り橋。
かつてはこの橋の畔に利休の首級が晒《さら》された、忌まわしい場所も、今は立派に整備され、水の流れに沿って遊歩道も作られた。茶心を閉じて、水辺を歩き、「二条城」のもみじを目指すのも一興である。

2.『源氏物語』ゆかりのもみじ巡り――京都の北から御苑へ

紅葉-2

数年も前、『源氏物語』は千年紀を迎え、様々な行事が行われ、京都の街も大いに賑わいを見せた。喧騒に満ちた彼の時期を避け、落ち着きを取り戻し始めた今こそが、ゆかりの地を訪ねるべき時である。

何ごとも、盛りを避けるのが、じっくりと愉しむコツである。もみじも然り。盛りの名所を避け、盛りの時期を避ける。場所なら名所のすぐ近く。時期なら色付き始めか散り際。

歩き始めは「上賀茂神社」。正しく言えば「賀茂別雷神社」。『源氏物語』にも登場する、京都三大祭のひとつ、葵祭の舞台にもなっている。このコースにはまた、随所に旨いものが散らばっており、寄り道も愉しめる筈。

いきなりの寄り道。境内の西側にひっそりと暖簾を掲げる「**神馬堂**《じんばどう》」の〈焼き餅〉が旨い。或いはその北、**「今井食堂」**名物〈サバ煮〉も捨て難い。更には社の東、上賀茂名産〈すぐき漬け〉の名店**「京都なり田」**で漬物を買い求めるもよし。花より団子派には、寄り道必至のルート。

本筋に戻って「上賀茂神社」のもみじ。一ノ鳥居を潜って、二ノ鳥居へと続く参道沿い、両側に朱い枝が並び、芝生の緑、空の青を従えて、厳かな彩りを見せる。まばらな朱がいい。

群れ集うことを好まぬ性格ゆえ、もみじには何の罪もないのだが、紅葉名所に群生する、おびただしい数のもみじの重なりに心が動かない。ぽつん、ぽつんのもみじが好きだ。二ノ鳥居を潜り、境内をそぞろ歩いても、その眺めは同じ。取り分け、桜もみじの愛らしさが際立つ。

葵祭、斎王代の行列は「京都御苑」を出発し、この「上賀茂神社」到着をもって、列を解く。『源氏物語』ゆかりのもみじ歩きは、ちょうどこの行列を遡る形になる。

「上賀茂神社」を出て、御薗橋を渡り、賀茂川の河原沿いに歩く。行列は西側の加茂街道を行くが、河原へ下りて、もみじを見上げながら歩くのがいい。右岸、左岸、どちらも味わい深い。

上賀茂橋から北山大橋へ。水辺にもみじが点在し、その下を都人が思い思いに散策する。犬の散歩、ウォーキング、バードウォッチング。この河原を歩くと、旅人でさえ、普段着の京都に同化する。

京都歩きで、最も重宝するのがこの**賀茂川の河原**。その気になれば、源流に近い静市から、賀茂川、鴨川を辿り、京都駅近くの九条辺りまで、片道十二キロにも及ぶ河原歩きを愉しめる。この間、三十を数える橋の下を潜り、両側の河原に植わる木々を見上げ、季節ごとに咲く花を眺めることができる、貴重な散策路である。信号もなく、マイペースで歩を進められ、車を気遣う必要もない。もみじは無論のこと、桜の頃にも是非とも歩いてみて欲しい。水面に枝を伸ばす桃色の花。強くお奨めする。

平安の頃には〈賀茂祭〉として既に隆盛を誇っていた葵祭。『源氏物語』中、その行列の記述で印象に残る場面は、なんと言っても〈葵の巻〉の〈車争い〉。

祭礼の行列に加わる源氏の姿をひと目見ようとして、六条御息所は忍びの車で近寄るが、葵上の乗る車に追いやられてしまう。御息所の屈辱と嫉妬はやがて、怨念に変わり、葵上に物の怪としてとり憑《つ》くに至る。能の演目〈葵上〉を浮かべながら河原を歩く。

北山大橋から「**京都府立植物園**」へ足を伸ばすのもいい。広大な敷地に多くのもみじが伸び伸びと枝を広げても、見上げる人はまばら。園内には『源氏物語』ゆかりの花も多く植えられ、それらを探すのも一興。穴場中の穴場。

北大路橋から出雲路橋まで下がり、東へと歩を進める。下鴨本通を渡ればそこはもう「**下鴨神社**」。正しくは「賀茂御祖神社」。『源氏物語』のみならず『枕草子』にも度々登場する古式ゆかしい社。葵祭の際に執り行われる数々の神事も、舞台はすべてがこの「下鴨神社」。

さてこの社。見るべきもみじは社に続く「糺《ただす》の森」にある。古代原生林の姿を今に残す深い森は鬱蒼《うっそう》としていて、ここが京都市内の真ん中にあるとは、到底思えないほど静かだ。かつてはこれよりはるかに広大な敷地だったと言い、しかしその姿は平安の頃と大きく変わってはいないようだ。『方丈記』を綴った鴨長明は、摂社「河合神社」と縁が深い。きっとこのもみじも愉しんだに違いない。

陽も届かないような森のあちこちに、朱色、濃赤色、黄色ともみじが点在する様は、まさに『源氏物語』の世界。木陰から、夕顔がひょっこり顔を覗かせてもおかしくない。初夏には蛍が飛び交う瀬見の小川は、さらさらと小さな流れを作り、空とともに朱いもみじを映す。僕はここの紅葉を〈幽玄もみじ〉と名付けた。

紅葉-2『源氏物語』を辿る

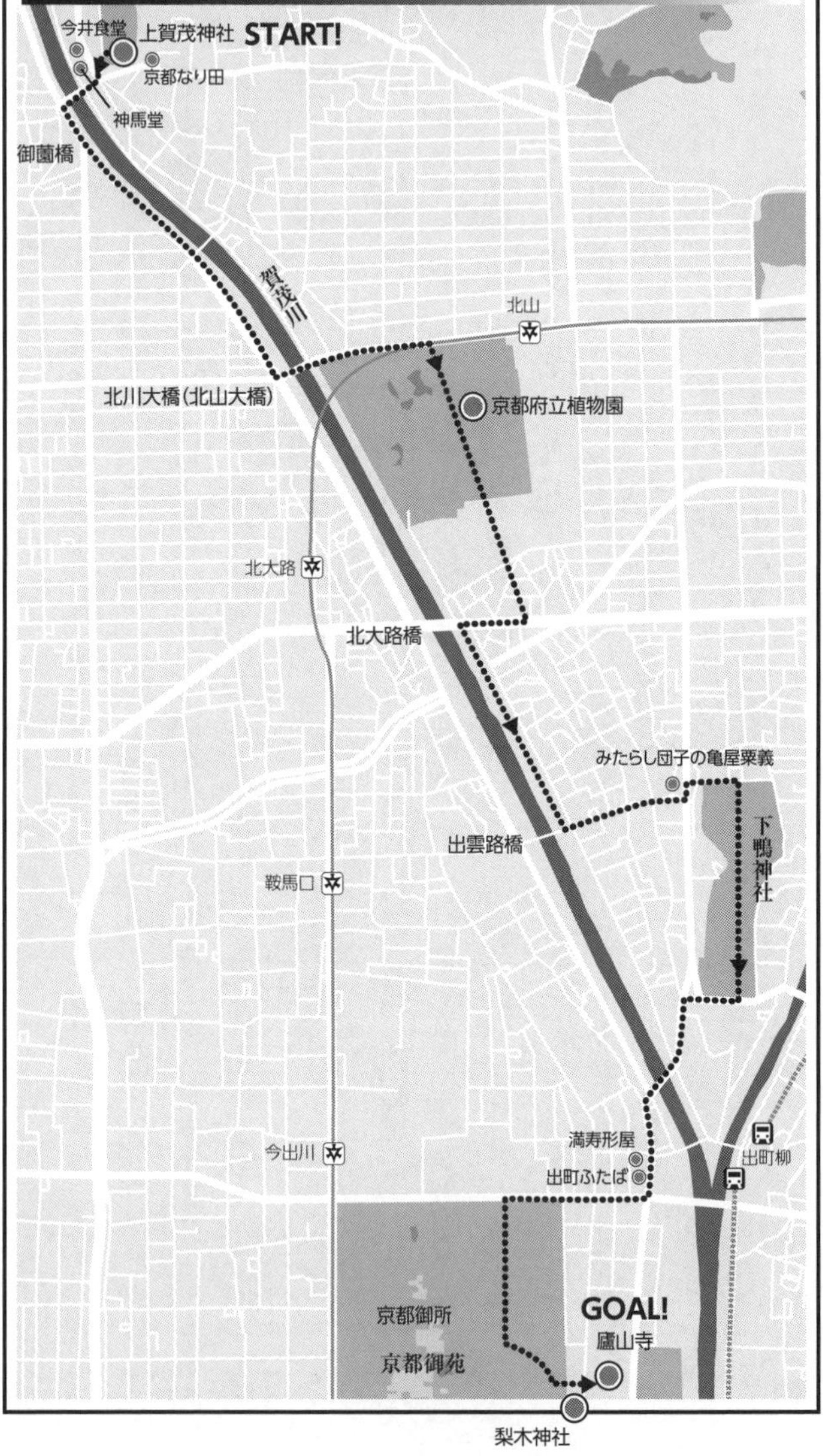

今井食堂
上賀茂神社
START!
京都なり田
神馬堂
御薗橋
賀茂川
北山
京都府立植物園
北川大橋(北山大橋)
北大路
北大路橋
みたらし団子の亀屋粟義
出雲路橋
下鴨神社
鞍馬口
今出川
満寿形屋
出町ふたば
出町柳
京都御所
京都御苑
GOAL!
廬山寺
梨木神社

「下鴨神社」の門前菓子と言えば〈みたらし団子〉。境内北東に祀られた御手洗社の池がその発祥。池に浮かぶ泡を、人の五体に見立てているゆえ、団子は五つ。「**亀屋粟義**《かめやあわよし》　**加茂みたらし茶屋**」には茶店もある。

葵祭の行列を逆行し、いよいよ「京都御苑」へと向かう。と、その前にまた寄り道。「下鴨神社」を出て、賀茂川と高野川が合流する辺りは鯖街道の終点。出町桝形《でまちますがた》商店街の中に店を構える「**満寿形屋**《ますがたや》」で鯖寿司ランチを、行列の絶えることのない「**出町ふたば**」で豆餅をと、食べる愉しみも尽きない。

今出川通を西に歩く。と、寺町通の角に石碑が建っていて、ここがかつて〈京の七口〉のひとつ〈大原口〉だったことを示している。

「**京都御苑**」へは北東の隅にある石薬師御門から入る。広い苑内には多くのもみじがある。場合によってはこの「京都御苑」ただ一箇所だけでも、充分もみじ狩りは堪能できる。

数多あるもみじで是非とも目にしておきたいのは「京都御所」建春門の前に横たわる〈**桜松**〉。松の倒木に根を張る山桜は、春には淡い桃色の花を付け、秋には侘びた葉桜もみじを見せる。生命の強さと儚《はかな》さを一本の木が教えてくれる。

「京都御苑」に隣り合う「**梨木神社**《なしのき》」は萩まつりで知られるが、境内に湧き出る染井の名水を汲む人々で賑わう社でもある。京都の水で喉を潤したなら、いよいよこの『源氏物語』もみじ歩きのフィナーレ。名水のすぐ向かいにある「**廬山寺**《ろざんじ》」は紫式部の住まいがあった所。白砂と苔で設えられた〈**源氏庭**〉には風情あるもみじが土塀の奥から枝を伸ばす。紫式部はこれを愛でながら筆を執ったのだろうか。

3．東山の隠れもみじ——観光客が少なく、ゆっくり楽しめる名所　紅葉-3

雅な風情漂う京都はまた、鄙《ひな》びた山里の空気も併せ持っている。北、東、西と三方を山で囲まれた盆地。存外その山は近く、中でも東山は洛中の間近に迫っている。山裾に佇む山寺は侘びた古寺の空気を湛え、澄んだ空気のおかげもあって、もみじの彩は殊更に美しい。

東山の麓を北から南へ。もみじ堪能コースである。前ふたつのコースは各駅停車、のんびり歩いて回るが、本コースは快速列車。駆け足で辿る。途中市バスを使ってショートカットするのもいい。飽きるほどもみじを見たい方にお奨め。

比叡山麓に広大な敷地を持つ「**修学院離宮**《しゅがくいんりきゅう》」。見事なもみじを擁するが、参観は申込制。制約もあり、ふらっと気軽にとはいかないのが惜しい。すぐ近くの「**赤山禅院**《せきざんぜんいん》」からもみじ路を始めよう。

「赤山禅院」は天台宗延暦寺の塔頭であり、京都の北東方向にあることから、表鬼門の守護という役割も果たす寺。別名を〈もみじ寺〉と呼ぶほどに、見事な紅葉で知られている。が、同じく紅葉の名所として人気の「永観堂」ほどに混雑しないのは、その立地ゆえのことだろう。鄙びた山里にある。

もみじのトンネルと化した参道を抜け、拝殿の前に立つ。階段を上り、社殿を見上げる。もみじだけに目を奪われていてはいけない。屋根の上に鎮座する魔除けの猿をも、しっかりと見ておきたい。

神楽鈴と御幣を持ち、御所を向いて見張っている猿。魔が去るに由来するとも言われる神猿は、前のコースにある「京都御苑」でも見ることができ、「赤山禅院」と対を成しているのだ。

京都ではこの鬼門という考えが町衆にも徹底していて、敷地の東北角にはたいてい南天や柊《ひいらぎ》が植えられている。南天は難《なん》を転《てん》じる、柊はその棘《とげ》を鬼が忌むから。「赤山禅院」を離れ、離宮沿いに歩き、注意深く民家を見ると、鬼門除けを施してあるのが見られる。

南に歩くとやがて「**鷺森《さぎもり》神社**」へと至る。あまりその名を知られぬ社だが、秋空を埋め尽くすような、圧倒的なもみじは京都市内でも指折り。空が朱色に染まるほどだ。

ここから東へ坂を上ると「**曼殊院**《まんしゅいん》」、南に下ると「**詩仙堂**《しせんどう》」と、もみじの名所が続く。更なるお奨めは「**八大**《はちだい》**神社**」。その訳は塀越しに覗き見る「詩仙堂」のもみじが耽美的な美しさだから。微かな後ろめたさが、もみじの艶を増す。

まだある。ポスターでもよく見掛ける〈額縁もみじ〉で有名な「**圓光寺**《えんこうじ》」、松尾芭蕉ゆかりの「**金福寺**《こんぷくじ》」。どちらも、錦秋という言葉が似合う、味わい深いもみじが見られる。

混雑を嫌うなら、ここまでの五寺二社だけを、じっくり歩いて見て回るのも一法。三時間ほどもあれば充分だ。

もみじ満喫派は白川通に出て市バスに乗り、「**銀閣寺**」までショートカット。有名寺院ゆえ、いくらかの混雑は覚悟すべし。

正しくは「慈照寺」。見どころの多い寺だが、もみじ一点に絞るなら、庭園を東に進み、少しばかり山道を上る。小高い山から見下ろす銀閣、その周りを彩るもみじはまさしく絶景である。

「慈照寺」を出る。目指すは**水辺のもみじ**「**哲学の道**」である。

桜の名所はまたもみじの名所。小さな流れに枝を伸ばす桜葉が、秋風に揺れる。流れの

紅葉-3 東山の隠れ紅葉

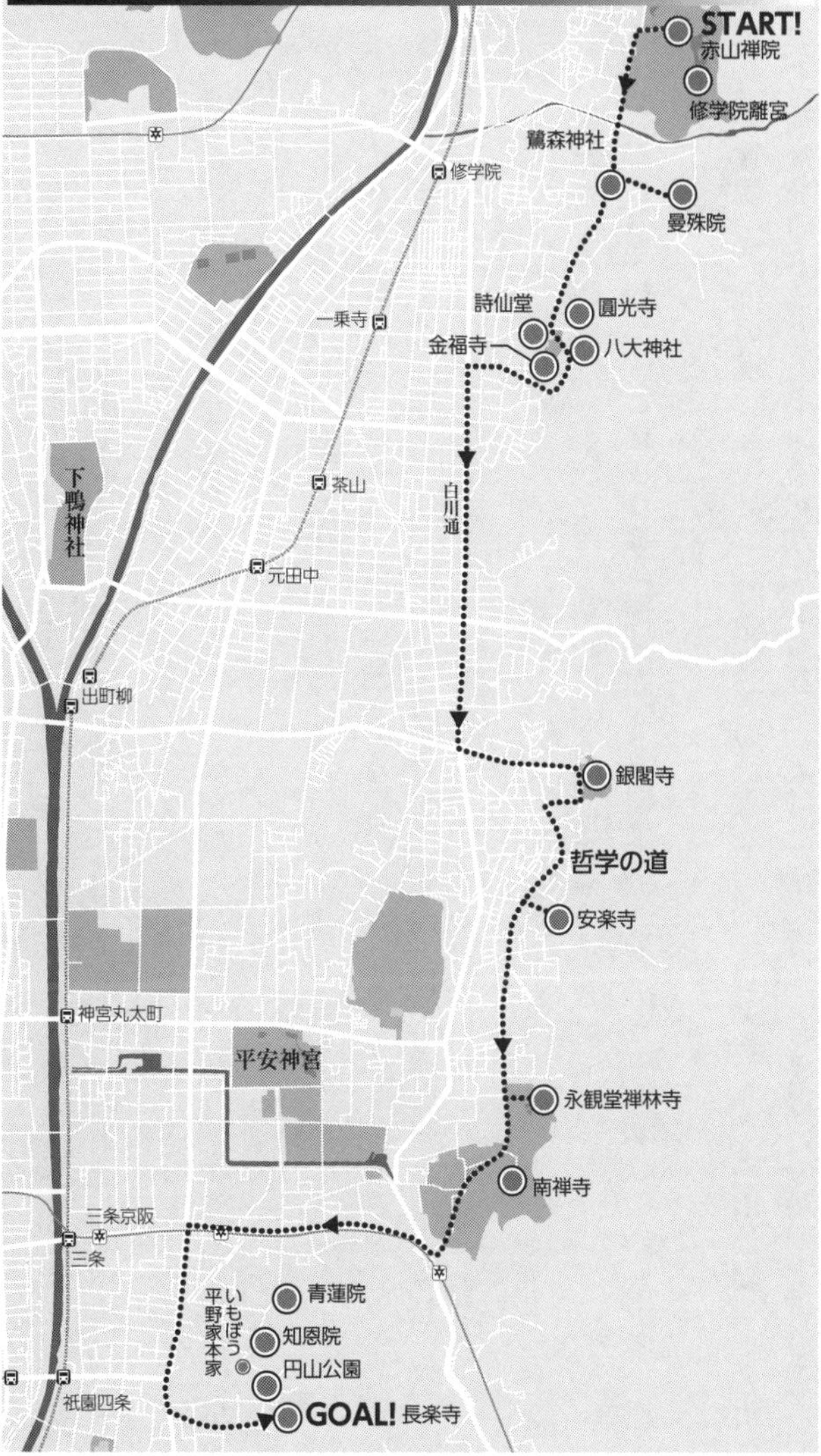
START!
赤山禅院
修学院離宮
鷺森神社
曼殊院
修学院
詩仙堂
圓光寺
金福寺
八大神社
一乗寺
茶山
白川通
下鴨神社
元田中
出町柳
銀閣寺
哲学の道
安楽寺
神宮丸太町
平安神宮
永観堂禅林寺
南禅寺
三条京阪
三条
青蓮院
いもぼう平野家本家
知恩院
円山公園
GOAL! 長楽寺
祇園四条

東側はすぐ山の緑が迫り、陽の光を適度に整えてくれる。哲学とまではいかずとも、誰もが思いに耽りながら歩く道。京都学派の創始者でもある哲学者、西田幾多郎がこの道を歩いたことからその名が付いた。

道は「**南禅寺**」まで通じている。途中、松虫姫、鈴虫姫ゆかりの地で知られる「**安楽《あんらく》寺《じ》**」がある。

ふたりの女官は後鳥羽《ごとば》上皇の隙を見て開山両上人に出家を請う。

――哀れ憂き　この世の中にすたり身と　知りつつ捨つる　人ぞつれなき――

御詠に感銘を受けた上人は、ふたりに法名を授ける。これが後鳥羽上皇の激しい怒りを買うこととなり、やがて仏教弾圧へと進む。

そんな悲しい歴史を持つ寺の、山門に続く石段のもみじが美しい。きっと誰もが息を呑む。分けても雨の後、石段に落ち葉が積もる様は圧巻である。

〈もみじの永観堂〉と称される「**禅林寺**」、「南禅寺」はどのガイドブックにも丁寧に紹介されているから、ここでは省く。

「**青蓮院《しょうれんいん》**」門前の楠を見上げ、「**知恩院**」の巨大な三門に目を瞠《みは》り、「**円山公園**」へと抜ける。公園の中にも何本かのもみじはあるが、最後に是非見ておきたいのが、南東の端にある「**長楽寺**《ちょうらくじ》」。建礼門院徳子が出家したことでも知られる寺。

ここも山門に至る石段のもみじが美しい。祇園の近くに位置しながら、ひっそりと静まり返る境内には、どことはなしに平家の悲哀が漂っている。

本当に紅葉を愉しめる場所は？

Map A　Map H

春の桜と並んで、京都が最も賑わうのは、もみじ色付く頃。ただでさえ混み合う有名観光地は、もみじ狩りを兼ねた旅人で、どこもが溢れ返る。

長く京都に住んでいて、いつも不思議に思うのがこの現象。

洛の外中を問わず、北から南、西から東、京都のいたるところに、美しいもみじがあるのに、なぜ名の知れた寺社に群がるのか。

たとえば「清水寺」へと至る坂道。その途上に「**安祥院**」という小さな寺があり、境内中ほどに見事な枝垂れ桜が植わっている。秋も深まれば葉桜は紅色に染まり、なんとも艶やかな風情を湛えているのだが、一心不乱に「清水寺」を目指す人々の目には留まらないのか、誰もが素通りして行く。いかにももったいないことだと思う。

人波の背中越しに、肩の横から覗くのではなく、真正面から迫り来るもみじをこそ見ていただきたいと願う。背中を押されるようにして、立ち止まることすら許されないような波にもまれていては、京のもみじも語りかけてはくれない。

心に沁み入るようなもみじに出会って欲しいと、幾つかの道筋を選んでみた。

加えて、他でもない、千二百年の歴史を重ねてきた京都の街のもみじとあらば、時代の跡を辿りながらの道歩きをと、三つのもみじ道を選んでみた。

桜と違って、もみじは長く目を愉しませてくれる。そしてその味わいは季の移ろいとともに変わりゆくものだ。

秋半ば。長雨の後のもみじは、艶っぽく、或いは瑞々しく、その命を長らえている。人に喩えるなら壮年から熟年。もみじ葉には厚みもあり、輝きも見せる。

一方で、秋の終わり。冬の足音が聞こえ始め、比叡颪《おろし》が都大路に吹き下ろす頃ともなれば、いよいよ、もみじは晩年を迎える。

かさかさ、こそこそ。乾いた音は、敷きもみじが、石畳から風に踊り、宙に舞い始める兆し。掌がやがて、老いた手が閉じるように、皺《しわ》を寄せ、丸く縮んでいく。軽く、軽く、まるで天に召されるかのように、風に舞い上がる。師走のもみじが切ない由縁である。

長い歴史を歩んできた京都ならではのもみじ、存分に味わっていただきたい。

第五章

京都の夏の定番

夏の見どころ

夏の京都と言って、すぐに浮かぶのは、ゆらゆらと陽炎漂う都大路。盆地特有の熱気溜《だ》まりに、都人は皆、顔を歪《ゆが》めながら歩く。ならばどこかへ避暑にでも出掛ければいいものを、決して逃げだそうとはしない。

猛暑の沖縄を訪れて、帰洛したとき、南の島よりはるかに暑いとすら感じてしまう京都。そこにはしかし、夏ならではの行事が、幾つもある。だからこそ都人は暑さに辟易しながらも、これを愉しみとして、洛内に留まるのだ。

七月から八月にかけて、夏の暑さを忘れさせようと続く行事。その幾つかをご紹介しよう。

まず夏到来を告げるのは京都三大祭のひとつ〈祇園祭〉。七月の京都はこの〈祇園祭〉一色に染まると言ってもいい。夏のプロローグ。洛中を歩くと、どこからか祇園囃子《ばやし》が聞こえてくる。

〈祇園祭〉、多くは十七日の山鉾巡行とその前夜祭とも言うべき宵山を思い浮かべるだろうが、一日の〈吉符入《きっぷ》〉から始まり、三十一日に行われる〈疫神社夏越祭〉まで、延べひと月もの長きにわたって繰り広げられる祭りなのである。

山鉾巡行のゆったりとした行列を見ていると、さすが平安の都。なんと優美なことか、と思われるに違いない。しかし実は〈祇園祭〉には、江戸っ子の勇壮な祭りに負けず劣らず、熱気溢れる祭りもある。鉾ではなく神輿《みこし》が主役となる祭りがそれだ。

二十四日に行われる〈還幸祭《かんこうさい》〉では神輿が都大路を威勢よく練り歩き、二十八日の〈神輿洗〉では、四条大橋近くの鴨川で神輿を踊らせるようにして清める、男衆の粋な法被姿が乱舞する。これらを見れば、〈祇園祭〉、ひいては、京都のイメージが変わるかもしれない。その祭りを詳しくご紹介しよう。

祇園祭の愉しみ

知る人の少ない稚児舞

Map A

三人寄れば〈祇園さん〉。夏の京都人は、こんな言葉で言い表される。

この〈祇園さん〉という言い方には、ふた通りあって、ひとつは「**八坂神社**」を指す。そして同じ言い方ながら、夏前からの〈祇園さん〉は〈祇園祭〉を言い、京都人はそれを使い分け、互いにそれぞれで通じ合う。

京都人が梅雨入りする直前から気に掛けるのは、〈祇園さん〉のお稚児《ちご》さん選び。

――今年はどこのボンがやらはりますんやろな――

――なんや、聞いた話では、あのお家の……――

――違うえ。うちが聞いた話やと……――

なんとも喧《かまびす》しい限り。

お稚児さん。祇園祭になくてはならない存在で、長刀鉾《なぎなたほこ》に乗る生稚児《いきちご》を言う。

かつては船鉾《ふなほこ》、大船鉾以外の山鉾すべてに稚児が乗っていたが、今は鉾に乗るのは長刀鉾だけになり、他の稚児は馬に乗ったりして鉾に付き添うだけとなっている。

生稚児は子供自身にも、親御さんにも大きな負担が掛かり、よほど余裕がある家でなければ無理なことから、それなりに知名度のある家の子供が選ばれる。

その発表が行われるのは概ね六月五日頃。京の街では、ひとしきり話題になり、気分的にはこの日から祇園祭が始まる。祭りの準備が着々と進む中、都人の口の端に上るのは、祇園さん話ばかりなり。

それからひと月が経ち、七月に入るとすぐ祇園さんが始まる。一日から五日に行われるのが吉符入。これから始まる朔日《ついたち》、見どころは「八坂神社」の〈長刀鉾町《なぎなたほこちょう》お千度《せんど》〉。実質的なお稚児さんお披露目《ひろめ》。千度とは言うものの、実際は本殿を三度回るだけだが、お供を合わせると千を数えるという理屈も、いかにも京都らしい。

そして五日。稚児の本格的スタート。長刀鉾町の吉符入の日。正式な紹介を受けた稚児が会所の二階から、四条通に向けて稚児舞〈太平《たいへい》の舞〉を披露する。

この行事、存外知る人が少なく、少し早めに場所取りをしておけば、ベストショットを狙える。稚児舞が披露されるのは午後三時十五分から。

見飽きることのない鉾建て

Map E

さて梅雨の最中。七月十日ともなれば鉾建てが始まる。会所の近くの路上で、釘を使わず、縄だけで組み立てていく様子は見飽きることがない。

見学するなら、お奨めは長刀鉾か函谷鉾《かんこほこ》。早朝七時から始まるので、まだ涼しい時間に見られる。地下鉄烏丸線の四条駅に近くて場所も便利。

十一日は船鉾や放下鉾《ほうかほこ》、十二日は北と南の観音山と、それぞれ鉾建てが行われる。しばらく滞在してハシゴするのも一興。

早朝に鉾建て見物した後は、錦市場へ繰り出してみるのもいい。アーケードがあり、各店からの冷気が通りに吹き渡り、涼しく過ごせるのと、もうひとつ大きな利点がある。

近年、錦市場は極端な観光地化が進み、今や京の台所どころか、アジアの屋台市場の様相を呈するようになっている。それもしかし、多くの観光客が出て来る昼前後からのこと。朝の早い時間は昔ながらに、プロの料理人たちや、古くからの馴染み客が買い出しに出向き、錦市場ならではの光景を目の当たりにできる。狭い通りに立ち食い客が溢れる時間帯は、何としても避けたい。

三日掛かりで組み立てられた鉾。いよいよそれが動き出す。十二日になれば鉾の曳き初めが行われる。先陣を切るのは函谷鉾。午後二時から、音頭取りの「エンヤラヤー」の掛け声を合図に、数百メートルの間を行きつ戻りつする。

山鉾巡行の日は決められた曳き手以外は近付けないが、曳き初めは誰でも曳き手になれる。鉾を曳く機会など滅多にあるものではない。是非一度挑戦してみて欲しい。

ただひとつ問題がある。それは灼熱《しやくねつ》地獄。冬の底冷えとともに、夏の暑さには定評があるのが京都。梅雨末期の豪雨も困るが、梅雨が明けてすぐの炎天は熱中症必至。水分補給を怠らないことと、逃げ場を用意しておくことが何よりも大事。

緊急避難に恰好なのは地下。西は室町通から、東は河原町通まで、四条通に沿って地下通路が設けてある。地上を歩くことを思えば相当涼しい。地下街がない分、道も空いていて、信号もないので歩きやすい。是非ご利用いただきたい。

ひと休みするなら喫茶店。四条烏丸の交差点を少し東へ、北側に建つ「京都証券ビル」の地下一階、地下二階に「**イノダコーヒ四条支店**」がある。涼しい店に入り込んで、アイスコーヒーで喉を潤したい。

ひと休みしたら、また地下道を通って、次の鉾へと移動する。長刀鉾の曳き初めは三時半からだ。

クライマックスの山鉾巡行

Map A　Map B

鉾が建ち、曳き初めも無事に終わり、後は巡行の日を待つばかり。鉾町の会所には町衆の晴れやかな顔が並び、心地いい緊張感が漂う。そんな会所にはご神体をはじめ、懸装品などが飾り付けられ、いやが上にも祭り気分を高めてくれる。会所によって、見学の可否や、見物できる時間も異なるので、直接尋ねてみるのがいい。

最も確実な手段は、十三日から十六日の宵山まで行われる菊水鉾の茶会に参加すること。表、裏、遠州流の三流派が交代で奉仕する本格的な茶会ではあるが、気楽に参加できる。

茶会のついでに、と言っては失礼だろうが、会所飾りも必見。稚児人形の〈菊丸〉も必ず見ておきたい。

かつてこの町内に湧き出ていた〈菊水の井〉がゆかりとなって名付けられた菊水鉾。中国の故事にもちなみ、菊の葉から滴り落ちる露が長寿の源となる伝承。その故事を元にして作られた菓子〈したたり〉は「亀廣永《かめひろなが》」のもので、黒砂糖を使った寒天菓子。独特の食感が人気を呼び、通年販売されてはいるが、祇園さんには欠かせない菓子である。

そうこうするうちに十五日。宵々山がやって来る。以前は宵山だけだったが、待ち切れなくなってか、二日も前から祭り気分は少しずつ上潮となっていく。

四条通は歩行者天国となり、浴衣姿の若い女性をはじめ、多くの老若男女で広い四条通が埋め尽くされる。

宵山ともなれば、各町内の会所はどこもが門戸を開き、快く迎え入れてくれる。特別なひととき。

満を持して、そんな言葉がピタリと嵌《は》まる十七日。山鉾巡行の当日は、梅雨が明けるか明けないか、毎年気を揉みながら天気図とにらめっこ。

朝からしとしと降り続くという年は滅多にないが、一滴の雨も降らずに終わる年も珍しい。それが祇園さんの倣い。

御霊の祟りを恐れ、悪霊退散を願って始められた「**八坂神社**」の御霊会《ごりょうえ》。今ではその風流な形だけが残り、負の部分は置き去りにされてしまっている。

長刀鉾を先頭に、都大路を縦横に進む鉾。向きを変える〈辻回《つじ》し〉が巡行のハイライト。滑りのいい竹を敷き、水を打って更に滑らかにする。こうすれば操舵装置などなくても、直角に曲がれる。山鉾巡行は、かかる先人の知恵を披瀝《ひれき》し、多くが力を合わせることの意味を説く。

かつての悪霊を国難に置き換えればいい。先人の知恵と工夫を結集し、力を合わせて立ち向かえば、何も恐れることはない。祇園さんは、長きにわたって、そんなことを教えてくれる祭りなのである。

後祭

祇園祭の山鉾巡行を締めるのは「神幸祭」　Map **C**

――今更悔やんでも、後の祭りなんだよ――

もう手遅れになってしまった、という意味の言葉は、祇園祭が語源となっているという。

それゆえかどうか、昭和四十一年（一九六六年）、交通規制を理由にして、前祭と後祭を合同にして、十七日の山鉾巡行に統合し、その代わりとして、本来後祭が行われていた二十四日に〈花傘《はながさ》巡行〉が行われることになった。

これによって祇園さんの期間は短縮されたように感じ、十七日の山鉾巡行をもって、祭りが終わったとされる風潮に、不満を漏らす向きは少なくなかった。かく言う僕もそのひとりであって、観光客の利便性、それを受け入れる側の都合ひとつで、神事を意のままに操ろうとする行政や、観光協会のあり方に、ずっと異を唱え続けてきた。

その甲斐あって、なんてことはまるでなく、名目上は、祭り本来の姿に戻すためとあるが、実際のところは、観光客を増やそうという目論見が透けて見える。

仮にそうであったとしても、やぶさかではない。伝統に基づき、正しく祭りが継承されていくことに露ほども異存はない。

と、その前に十七日の山鉾巡行当日、もうひとつの巡行もつぶさに見ておきたい。

山鉾巡行の最後を締め括るのは船鉾。巡行を終えて、少しずつ熱気が冷めていく鉾町とは対照的に、「八坂神社」は徐々に熱を帯びていく。神幸祭《しんこうさい》の支度が整い始める。

そもそも祇園祭というものは、この神幸祭を主体としている。言ってみれば山鉾巡行は、

その露払いのような存在。山鉾巡行が終わるのを待って、夕刻四時頃、馬上の久世駒形稚児《くぜこまがたちご》が「八坂神社」の南楼門を潜り、本殿の祭典に臨む。この後、神霊が遷《うつ》された神輿が御旅所《おたびしょ》に向けて出発する。

中御座、東御座、西御座の三基が順に集結し、石段下でさし上げをする瞬間がハイライト。六時半にはこの場所にいたい。

三基の神輿はこの後、それぞれの巡行路を辿ってから、順次、御旅所に集結する。神幸祭のお奨めは、神輿のさし上げを見た後に近くで夕食を摂ること。

本格を狙うなら、南楼門からほど近い「**京ぎをん 浜作**」。割烹の嚆矢とされる名店。川端康成、白洲次郎など、錚々たる著名人を迎えた店で割烹料理に舌鼓を打つ。至福のひとときが待っている。

もう少し手軽に、となれば西楼門の斜め向かいにある「**いづ重**」がいい。見た目にも美しい箱寿司は京都ならではの味。名店「**いづう**」から暖簾分けされた店ゆえ、鯖寿司にも定評がある。

夕食を終えたら、ぼちぼち御旅所へと向かう。四条河原町を越えて、寺町通の手前にある。九時頃から到着する神輿が、この前で神幸祭最後のさし上げをするのも見どころのひとつ。

俗に京都では、葵祭をおんな祭、祇園祭をおとこ祭と呼ぶ。ゆるり、ゆるりと都大路を巡行する山鉾だけを見ていたのでは分からない言葉。それほどに神輿を担ぐ男衆は勇壮で、雅な京都のイメージを一変させる。

この夜から神さまの御霊は神輿とともに、この御旅所に滞在される。還幸祭が行われる二十四日まで、七夜をお過ごしになるわけで、この間は儀式以外に主だった行事はない。

そこでひとつ着目したいのが〈**無言詣**《むごんもうで》〉。

花街に古くから伝わる風習で、神さまが滞在しておられる間、七日七夜、欠かさずこの御旅所を無言でお参りすれば、願い事が叶うと言われている。

祇園の芸妓や舞妓が四条大橋を渡り、御旅所までの行き帰りを七度半繰り返す。もしもその姿を見掛けて、顔見知りがいても決して声を掛けたりしないのが、都人の倣いである。

舞妓のかんざしに、美味しいものに……

ところで舞妓が髪に挿している花かんざしは、月によって代わることをご存知だろうか。Map C

たとえば、正月は稲穂、二月は梅、三月は菜の花といった具合に、季節の移ろいに合わせて挿し替える。七月は団扇となるのだが、祇園祭の間だけは、〈祭り〉と呼ぶ特別華やかなかんざしを挿すのが通例となっている。蜻蛉《とんぼ》や水渦《みずうず》など、年によって意匠は変わるが、祇園町の芸妓舞妓にとって、祇園祭がいかに特別なものかが分かって興味深い。

ちなみに髪の形も異なり、年長の舞妓にだけ許されるものだが、〈勝山《かつやま》〉という髷《まげ》を結う。

近頃都に流行るもの。観光客の俄変身舞妓。本物の舞妓を、素人の変身舞妓と区別する目安にもなるのがスマホ。憧れて変身するなら歩きスマホだけは止めて欲しいもの。スマホはおろか、基本的に携帯電話を持つことさえ本物は許されていないのだから。

閑話休題。後祭を待つ間に鰻《うなぎ》などはいかがだろう。土用の丑《うし》の日には少し早いが、京都を代表する鰻の名店で鰻料理を堪能するとしよう。

無言詣の出発点近く、四条大橋から東へ辿り南座を越えた辺りに**「祇をん松乃《まつの》」**がある。鰻を焼く、芳《こう》ばしい香りに誘われて暖簾を潜る。お目当てはこの店の名物〈せいろむし〉。漆塗りの赤い重箱に嵌め込まれた、白木の箱には玉子を挟み込んだ鰻重《うなじゅう》が、ぎっしりと詰まる。甘すぎず、辛すぎず、程よい加減のタレが染みたご飯が美味しい。江戸風に焼き上げられた鰻を更に蒸籠で蒸すのだから、そのふわふわ加減は半端じゃない。

箸で取ると崩れるので、木の匙《さじ》で食べる。合間に食べる、スクランブルエッグさながらの蕩《とろ》ける玉子は、格好の口直しとなり、ご飯のひと粒も残さずさらえてしまうのは、いつものこと。

「還幸祭」を愉しんで、本物の祇園祭が終わる

さて、いつもの年ならこの後は、還幸祭を待つばかり……、だったのが、平成二十六年（二〇一四年）からは後祭が復活した。最後に後祭が行われたのが昭和四十年（一九六五年）。その頃はまだ中学に入ったばかりの子供だったので、ほとんど記憶にない。

先の祭りで巡行した二十三基に対して、後の祭りで巡行するのは十基。南は大船鉾から、北は鈴鹿山、役行者山《えんのぎょうじややま》まで、その山鉾建てが始まるのは、先の祭りの翌日十八日から。四日間ほどで十の山鉾が建つ。

鈴鹿山の建つ烏丸三条を起点にして、西へ五筋辿ると釜座通に出る。北は下立売通からこの三条通まで、一キロと少しの短い通り。その名の由来は、この通りの周辺に釜師が集まって住んでいたことから。

釜師とは茶釜などの鋳物を作る職人を言い、その代表とも言えるのが大西家。元和時代

（一六一五年―一六二四年）から数えて十六代に当たるのは大西清右衛門。その名が付いた美術館は是非見ておきたいところだが、あいにく七月中は休館。秋の展観を待つとしよう。しかしながら、京の通り名は、そういう由来を持つということを知り、かつ、その外観を垣間見るだけでも価値はある。

さて二十四日。後祭の山鉾巡行。先祭と逆の道筋を辿る。朝の九時半に烏丸御池をスタートし、御池通を東に進み、河原町通を経て、四条烏丸へと至る。およそ二時間の行程。同じ時間に花傘巡行も行われ、河原町通に陣取れば、両方見ることができる。

宵闇が都大路を包み始める頃、還幸祭が始まる。夜六時に御旅所を出て、町内を練り歩いた神輿が「八坂神社」に到着するのは、深夜十一時近くになる。神輿を担ぐ男衆が最後の力を振り絞るように何度ももむ。

祭りが一応のピリオドを打つ瞬間は、是非とも見届けたい。南楼門が閉じられて儀式が始まるのは日付が変わった頃。神社境内の灯りが消され、闇夜の中、神秘に満ちた、御神霊遷の神事が行われる。和琴の音色が流れる中、御神霊が舞殿から本殿へと移る。やがて、荒ぶる魂を鎮めるかのように、還幸祭は静かに幕をおろす。

後祭が加わったことで、祭りの後の寂寞感は増し、夏もいよいよ盛りとなる。

京野菜は、信仰と結び付きが深い

Map A

さて、夏の京都、祇園祭の頃となれば、都人がこぞって舌鼓を打つのが鱧《はも》。〈祇園祭〉は別名〈鱧祭り〉と呼ばれるほど、鱧と〈祇園祭〉は切っても切れない関係にある。〈焼き鱧〉〈鱧しゃぶ〉〈鱧の落とし〉など。旬を迎えた鱧を使う料理の中で、なぜか〈祇園祭〉の間だけ、京都人が口にしない料理があって、それが〈鱧皮《はもかわ》の酢の物〉。

焼き鱧の皮を細かく刻み、薄切りにした胡瓜《きゆうり》と和えた酢の物。箸休めには格好の料理なのだが、京都人は七月中にこれを食べることがない。のみならず〈鰻《う》ざく〉も〈蛸《たこ》の酢の物〉も食べない。つまりは胡瓜を食べないのだ。

ではなぜ、京都人は「祇園祭」の間、胡瓜を食べないのか。それは〈祇園祭〉を行う「八坂神社（祇園社）」の神紋が胡瓜の切り口によく似ているから。ただそれだけの理由。この辺りが京都が京都たる所以。理由が深かろうが浅かろうが、一旦決めたこととあらば、それを頑《かたく》なに守り続けるのが都人の倣い。

夏の胡瓜。〈祇園祭〉だけでなく、他にも行事の主役を務める。それが〈胡瓜封じ〉なるもの。胡瓜に名前や歳を書き、加持祈禱を受けると健康長寿が約束されるという民間信仰。信じるか否かは別として、しかしこれは、営業ベースで浸透した〈恵方《えほう》巻き〉などとは比ぶべくもない歴史を持ち、中国からこの習わしを伝えたのは弘法大師だというから、由緒正しき行事なのである。

〈胡瓜封じ〉は洛内ふたつの寺で行われる。一軒は「仁和寺」と隣り合う「**五智山蓮華寺**《ごちさんれんげじ》」。いま一軒は西賀茂の〈弘法さん〉と都人に親しまれている「**神光院**《じんこういん》」。いずれも善男善女で大いに賑わう。

祈禱を受けた胡瓜は食べることなく、川に流すか土に埋めるのが、今に伝わる習わし。

このように、野菜ブームの火付け役となった〈京野菜〉は、ただ食べるだけでなく、民間信仰と深く結び付いている。たとえば南瓜《かぼちゃ》もそう。

南瓜と行事食。多くが思い浮かべるのは真冬の〈冬至南瓜〉だろうが、京都では夏にも南瓜が行事食として登場する。それが〈南瓜供養〉。

夏の京野菜を代表する〈鹿ケ谷《ししがたに》かぼちゃ〉は通常の南瓜と異なり、瓢簞《ひょうたん》形をしている。これを炊いて食べれば中風除けになるという行事。行われるのは栽培地鹿ケ谷にある「**安楽寺**」。七月二十五日に参拝すれば、煮た南瓜が振舞われる。当日は寺宝も公開され、門前では京野菜の展示即売もあるので、是非足を運んでみたい。

下鴨神社と愛宕神社の神事

Map A

土用の丑に鰻を食べるのは、京都も同じだが、同じ日、都人にはもうひとつ大切な行事がある。それが**「下鴨神社」**の〈足つけ神事〉。

境内の〈御手洗池〉に足を浸すと、穢《けが》れを祓い、万病を水に流すと言われている。いかにも涼しげと思われるだろうが、実はそんな生易しいものではなく、氷のような冷たさに、足が痺《しび》れてくるほどの冷水なのである。

膝下までの池に入り、火を灯した小さな蠟燭《ろうそく》を社に供えるまでの間、水の中を進むほどに、足先から痛いほどの冷感が伝わってくる。と、ふと猛暑の京都を忘れ去るという仕掛けだ。

冷気で暑気払いをするのが〈御手洗祭〉とすれば、その対極にあるのが**「愛宕《あたご》神社」**の**〈千日詣《まい》り〉**。猛烈な暑さで暑さを制する行事。

京都の家々のみならず、割烹店の厨房などに必ずといっていいほど貼られているのが、この「愛宕神社」の護符〈火迺要慎《ひのようじん》〉。

火伏せの神として、都人から篤い信頼を集めているのがこの「愛宕神社」。

――伊勢へ七度、熊野へ三度、愛宕さんへは月参り――

そう謳われるほどに親しまれていて、七月三十一日夜から八月一日にかけてのこの日の参拝は〈千日通夜祭《つうやさい》〉と呼ばれ、一日で千日分のご利益に授かれると言われている。神社へ詣でるのに、なぜ猛烈な暑さかと言えば、この社が標高九二四メートルの愛宕山山頂にあるからだ。

愛宕山と言えば、本能寺の変の直前、明智光秀が連歌《れんが》を張行した地としても知られているが、さすがに昼間に登るのは無謀とばかり、日が暮れた頃から登山口に列ができ始める。整備された登山道ではあるが、千メートル近い山となれば、そうそう簡単に登頂できるものではない。夜道であっても、だらだらと汗は流れ続ける。が、ただの登山ではなくお参りなのだから、途中で断念するわけにはいかず、何が何でも頂上まで辿り着かねばならない。木の根道、土道、石段と辿り、ほうほうのていで登り詰めると、いつしか暑さを忘れてしまっていることに気付く。

まんまと京都にしてやられているのである。〈祇園祭〉に浮かれ、冷たい水に目を覚まされ、千日分のご利益に惑わされるうち、気が付けば月次《つきなみ》はいつの間にか葉月に変わってしまっている。

盆で、夏が終わる

Map C

八月一日。八朔《はっさく》（旧暦の八月一日）ともなれば、花街祇園が俄に活気付き、芸妓、舞妓の挨拶回りに目を奪われる。八朔。本来は〈田《た》の実《み》〉、すなわち実りに感謝する節目なのだが、これを祇園では〈頼《たの》み〉と読み替え――おたの申します――とする。

師匠筋やお茶屋へ挨拶回りする行事となった。いかにも京都らしい話だ。

そうこうするうち、とうとう秋が立ってしまう。となれば、殊《こと》の外《ほか》季節を重んじる都人、〈暑い〉などという言葉を、おくびにも出せなくなる。

――もう立秋どすな。早いもんや――

――朝晩はだいぶ涼しぃなりました――

――ほんに楽になりましたわ――

――言うてるうちにお盆ですがな――

街角で出会った都人どうしが、こんな会話を交わすうち、ほどなくして盂蘭盆会《うらぼんえ》へと季節は移っていく。

盆もまた、忙《せわ》しいまでにあれこれと行事が続く。まずはご先祖さまをお迎えすることから始めるのが京都の流儀。

立秋を過ぎれば、東山松原辺りの炎天下に連日、日傘の長い列が続く。

行列嫌いの京都人もさすがに、この列を厭《いと》うわけにはいかない。盆を前にして、先祖を迎える〈迎《むか》え鐘《がね》〉を「**六道珍皇寺**《ろくどうちんのうじ》」で撞く。この辺りはかつて鳥辺野《とりべの》と呼ばれる葬送の地、つまりは冥界《めいかい》と現世《げんせい》の境目。

先祖の霊を〈おしょらいさん〉と呼び、家にお迎えしている間、各家では仏壇を掃除し、家の中を清める。十三日には〈お迎え団子〉、十六日には〈追い出しあらめ〉、この間は精進料理を作ってお供えし、祖とともにいただくのが都人の務め。

さて、〈おしょらいさん〉を送り出す十六日の朝。〈あらめ〉を湯掻《ゆが》いた真っ黒な汁を門口に撒き、厄を除ける。昼間は名残のひととき。祖への思いを深めながら日暮れを待つ。

夜が更ける。いよいよ〈おしょらいさん〉を彼岸へ送り返す時が来た。かつては多くの家が門前で〈門火〉を焚《た》いたが、今は都大路すべてを護摩壇《ごまだん》に見立てた〈五山の送り火〉に思いを託す。

午後八時。東から北、西へと送り火が焚かれ、都人はこぞってそれに手を合わせる。

左右の大文字、妙法《みょうほう》、舟形、鳥居。赤々と燃え盛る送り火に導かれ、〈おしょらいさん〉をお送りする。

やがて彼岸へ旅立ったことをたしかめるように、静かに火が消えていく。

ようやく長い京都の夏が終わる。**〈五山の送り火〉はまた、夏に引導を渡す役目も果たしている。赤い火は京都の夏の、エピローグなのである。**

第六章　京都の冬の定番

都人の都人らしい、新春の迎え方

Map A　Map C

京の冬は長い。

もみじが散った後から、鴨川の水が温み始めるまで。比叡颪が都大路に吹き下ろし、底冷えが長く続くのが京の冬。

その中でも冬が極まるのは、文字通り、二十四節気で言うところの、小寒から大寒まで。京の暦で言えば、機始《はたはじ》めから針供養《はりくよう》の頃まで。一年で最も寒さが厳しいひと月の間、京の都では様々な行事が行われるが、それらはすべて、観光客に向けたものではなく、地元京都人のための習わし。順を追って、紹介することにしよう。

三ヶ日が終わり、そろそろお屠蘇《とそ》気分も抜けようかという頃、西陣の町家から機音が聞こえてくる。機始めである。

注連縄《しめなわ》を張り、鏡餅を飾った機を囲み、織手《おりて》たちが新年の挨拶を交わした後、ひと越、ふた越と織り、仕事始めとする。概ね四日の昼前に行われ、機を織り、一年の無事を祈った後は、旦那と職人たちが盃を交わし、祝《いわ》い肴《ざかな》を突《つつ》き合う。

機音が止むと一年が終わり、機音が響き出すと、また新たな年が始まる。かつては西陣のそこかしこで見られた光景も、時代の流れとともに消えていき、今や希少な風習となってしまった。

――七日は　雪間の若菜青やかに摘み出でつつ――

『枕草子』にも書かれているように、七草粥の起こりは、若菜摘みである。雪間から顔を覗かせた若菜を摘み、漲《みなぎ》る生命力をいただくことで、万病や災厄から逃れる。古来の風習は全国共通だが、京の神社では〈若菜祭〉と呼んで、粥を神前に供え、新春を祝う行事が行われる。有料ではあるが、**「上賀茂神社」**や、**「御香宮《ごこうのみや》神社」**などでは、参拝客に七草粥が振舞われる。

「上賀茂神社」に参拝されたなら、是非とも社家町を歩き、京名物の〈すぐき漬け〉を。長い歴史を持つ、冬ならではの京漬物。老舗**「京都なり田」**の店先には独特の酸っぱい香りが漂っている。

同じ七日。京の花街では始業式が行われる。五つの花街の中で、唯一、上七軒《かみしちけん》だけは九日だが、他の四つではこの日、正装した舞妓や芸妓が歌舞練場に集い、一年の無事を祈り、精進することを誓う。年の初めにふさわしい、寿《ことほ》いだ舞が披露され、界隈は華やいだ空気に包まれる。

「おめでとうさんどす」

歌舞練場を出て、稲穂のかんざしに裾引き姿の舞妓が、馴染み客と挨拶を交わす様子は、いかにも京都の新春らしい光景。

祇園界隈へ足を運ばれたなら、是非川端通沿いの「一平茶屋《いっぺいじゃや》」のかぶら蒸しを。若狭《わかさ》ぐじを、擂《す》り下ろした蕪で包み、とろりとした餡《あん》を掛けて蒸す。滋味豊かな京の冬の名物料理。底冷えする京都では熱々の蒸し料理で身体を芯から温める。

新たな年の精進を誓い合うのは、花街だけではない。茶人たちもまた、気分も新たに釜を掛け、初釜の茶会で、茶の道に一層励むことを誓う。

表、裏、武者小路。三千家それぞれに日にちは異なるが、七日頃から始まり、一月中旬過ぎまで続く。この間、麗しき和服姿で幾人かが集って歩くのは、概ねこの初釜への行き帰りである。

各界の著名人も招かれ、干支や勅題にちなんだ道具立てに、目を利かせ、和やかな歓談の場となる。

家元が初削りした茶杓《ちゃしゃく》、床の間の結び柳が、場の空気を一層盛り上げる。

菓子は決まって花びら餅。正しくは〈御菱葩《おんひしはなびら》〉。和菓子屋の店先にも並ぶそれを求めれば、しばしの茶人気分も味わえる。上生菓子を商う和菓子屋なら、この時期、どこにでもある筈だが、前もって予約した方が確実。

織り手、花街の芸妓舞妓、茶人ときて、次に京都の街に初春らしさを見せるのは**山伏の托鉢**《たくはつ》。本山修験宗総本山「聖護院門跡」に参集した山伏たちが、都大路にある信者の家を托鉢してまわる。

概ね八日から十八日頃まで、市内の所々で、法螺貝《ほらがい》を吹き、金剛杖《こんごうつえ》を手にした山伏たちの姿が見られる。寒中托鉢は、さほど古くからある行事ではないが、今では新春の風物詩ともなっている。

一年の福を願う年明け行事

Map A Map C Map H

ここまでの行事や習わしは、限られた業界や、街角の一部で見掛けるものだが、京都人がこぞって、となると、**年明け最初の行事は〈十日ゑびす〉**だ。

大和大路通を四条通から南に下る。十日の初ゑびすはもちろん、前日の宵ゑびす祭や翌十一日の残り福祭まで、歩行者天国になった狭い通りには、老若男女が「**京都ゑびす神社**」目指して、押し合いへし合いする。

──商売繁盛で笹持って来い──

通りの両側にびっしり並ぶ屋台を横目にして、鳥居が近付くと、独特の掛け声が聞こえてくる。

この「ゑびす神社」には、ちょっと面白い仕掛けがある。

参拝客が列をなして、本殿南側にある板を叩くのは、耳の遠いゑびす様を起こすためである。起きてもらわないと、願いも叶わないというわけだ。こういうことを真顔でできるのも京都人の京都人たる所以。

気忙しい近年では、七日で〈松の内〉を終えるところもあるようだが、京都では昔ながらに、十五日の小正月までを〈松の内〉とする。その締め括りとなるのが成人式。

沖縄をはじめ、日本各地で行われる成人式は、ときに物議を醸すが、この日、京都で耳目を集めるのは、**「蓮華王院　三十三間堂」**で行われる〈通し矢〉である。

弓の引き初め儀式は、楊枝《やなぎ》のお加持の結願を祈念して行われ、全国から集った有段者が弓矢を競い合うというもの。

ここに新成人も参加し、華を添える。

紫の袴《はかま》に振袖姿の女性が弓を引き、六〇メートル先の的を、見事に射抜くと大きな歓声が上がる。大人への第一歩を踏み出すのに、ふさわしい儀式である。

同じく十五日に京都で賑わいを見せるのは、「**泉涌寺**《せんにゅうじ》」。山内の塔頭に祀られた七福神を巡り、一年間の福を願う。第一番「即成院《そくじょういん》（福禄寿）」から順に、第七番「法音院《ほうおんいん》（寿老人《じゅろうじん》）」までを巡り、福笹に縁起物を付け、商売繁盛や健康長寿を願う。

〈十日ゑびす〉にもよく似た風習だが、由緒ある「泉涌寺」。七福神巡りだけではもったいない。重要文化財にも指定されている仏殿や、舎利殿、霊明殿《れいめいでん》など見どころも多い。更には最寄り駅近くの「東福寺」にも是非立ち寄りたい。春秋には多くの参拝客で混雑する古刹も、真冬ともなると人影はまばら。じっくりと拝観できる。

真冬の寒さの中で〝神頼み〟

Map A　Map G

松の内も過ぎ、大寒が近付くと、ますます京都の街は底冷えに見舞われる。夏の酷暑とともに、京都名物とも言っていいほどに、都の寒さは厳しい。暑さ寒さを乗り切るのにも、神頼みをしてしまうのが都人の倣い。夏の祇園祭と同じ、「**八坂神社**」がその舞台となる。

境内にある「**疫**《えき》**神社**」の例祭が十九日に行われ、多くが参集する。「八坂神社」の祭神、スサノオノミコトが旅をした際、一夜の宿を供した蘇民将来《そみんしょうらい》に倣って、茅《かや》の輪を潜って無病息災を祈る。京の茅の輪潜りは夏だけではない。

　祈りを捧げた後はウマイもの。「疫神社」すぐそばの円山公園にある「**いもぼう平野家本家**」の名物料理〈いもぼう〉（登録商標）に舌鼓を打てば、無病息災はたしかなものとなる。

〈いもぼう〉は京都独特の料理で、北の果て、北海道から届いた棒鱈《ぼうだら》と、九州から運ばれて来た海老《えび》芋《いも》を炊き合わせた、京都ならではの〈出会いもん〉。長い時間をかけて戻した棒鱈からは、旨みが染み出し、ほっくりと炊けた海老芋との相性は、これぞ京料理。通年味わえるが、海老芋が旬を迎える冬は、一層その味わいが深くなる。

　京都で最も知られた市と言えば、**弘法市と天神市《てんじんいち》**。京都人は親しみを込めて二十一日を〈弘法さん〉、二十五日を〈天神さん〉と呼ぶ。その市が賑わいを極めるのは一月の初市。〈初弘法〉と〈初天神〉。どちらも多くの善男善女が詰めかけ、祈りを捧げた後、屋台巡りを愉しむ。

　面白い言い伝えがあって、両日の天候が相反するというもの。二十一日に雨が降れば、二十五日は晴れる。逆もまた真なり。弘法さんと天神さんは、互いに妬《や》きもち妬きなのだという。

初弘法に雪でも降ろうものなら、冬晴れを期待してか、初天神の賑わいはいつにも増す。更には、祀られた菅原道真公にあやかろうと、多くの受験生や、その家族たちが合格祈願に訪れ、物見遊山の観光客、参拝客とが相まって、境内はごった返す。屋台の味もいいが、近くには京豆腐の名店「**とようけ茶屋**」もあり、湯豆腐膳を味わうのも、天神さんの楽しみのひとつ。南禅寺や嵐山辺りの湯豆腐屋に比べて、はるかに安価で気軽に食べられるのも嬉しい。

一月も終わり、如月に入ると、京の寒さは極まる。一年で最も冷えるのは節分の頃。そんな寒さをものともせず、都人は**節分祭**にこぞって詣でる。

壬生狂言が奉納される「**壬生寺**《みぶでら》」や、追儺式《ついなしき》が行われる「**廬山寺**《ろざんじ》」など、市内のあちこちの社寺で節分祭が行われるが、最も賑わうのは「**吉田神社**」。節分当日の前後三日間、京大キャンパス横に延びる、広く長い参道が人で埋まる。

多くの都人は、それぞれ手に何やら大きな紙袋を持ち、本殿へと向かう。袋の中身は古い御札や御守。これを参集殿前の広場に設けられた火炉で燃やし、来る年の無病息災を祈る。信心深い京都人は、参拝した際に必ずといっていいほど、御札を授かり神棚に供える。或いは求めた縁起物なども溜まり、一年分をこの「吉田神社」で神さまのもとへと戻す。

そしてまた新たな御札を求めて供える。

かつては立春を過ぎてから最初の午の日だったが、今では新暦の二月最初の午の日を初午と呼び、都人は多くが**「伏見《ふしみ》稲荷《いなり》大社」**で行われる**〈初午大祭《はつうまたいさい》〉**へと足を運ぶ。稲荷の神が稲荷山に降臨した日なのである。参拝客のお目当ては**〈しるしの杉〉**。持ち帰って庭に植え、根が付けば願いが叶うと伝わる。どこまでも京都人は信心深いことを、真冬の都が教える。

第七章

京都のお茶

京都と茶道の深い繋がり

昼下がり、京都人どうしが喫茶店でひと息ついているとしよう。ひとりはエスプレッソ、もうひとりはハーブティー。どちらにも小菓子が添えられている。

昼にご馳走を食べたばかりなので、菓子には手が伸びない。と、ひとりがバッグから懐紙を取り出し、おもむろに菓子を包み始める。それを見て、もうひとりも同じようにして菓子を懐紙で包む。

「お茶はどちらで？」

包み終えてバッグに菓子を仕舞って、一方が問いかける。よく見掛ける光景だ。

禅問答のようにも聞こえるが、これはどの流派で茶を習ったかを問うている。

茶を習ったのか？　という質問もなく、いきなり流派を問うというのは、京都では至極当たり前のこととして捉えられる。

表か裏か、武者小路か。もしくはそれ以外の流派を答えることはあっても、習っていないという答えはない。無論、万人が万人、茶道を嗜《たしな》んでいるとは言えないが、一定の年齢になれば、男女の別なく、ひと通りの教えを受けている筈だという前提で話をする京都人は少なくない。

ましてや懐紙を携行しているとなれば、当然茶の道に通じているに違いない。そう思っての問いかけ。

事程左様に、京都という街は茶道と深い繋がりを持っている。そしてそれは、作法としての茶にとどまることなく、茶を喫することが習慣付いている。日本茶を筆頭に、紅茶であろうとコーヒーであってもいい。まずはお茶を飲んでから。京都の家や店に〈喫茶去〉という文字が掲げられているのは、そういう意味なのだ。

京のお茶時間——京都に「一保堂」の〈いり番茶〉あり

Map D

満ち足りて箸を置く。程よく酔いも回っている。食後の水菓子が爽やかな甘みを舌に運ぶ。一夜の食事を終えようとして、最後に一服の茶を喫する。もしもそれが「**一保堂**《いっぽどう》」の**〈いり番茶〉**であれば、至福の大団円を迎えることはきっと約束される。

たとえば「草喰なかひがし」、或いは「レストランよねむら」。いずれ劣らぬ京都を代表する名店だが、どちらの店で食事をしても、食後に供されるのはたいていがこの「一保堂」の〈いり番茶〉だ。名旅館、老舗料亭、他にもこのお茶を出す店は数知れず。客の多くはこれらの店で〈いり番茶〉を知り、寺町通の「一保堂」を訪ねる。

だが店先でこの〈いり番茶〉はひっそりと身を潜めている。決して売り惜しみをしているわけではないのだが、その個性的な味わいゆえ、これを目当てに来る客だけを相手に商っているのだ。

洋の東西を問わず、食後は決まって〈苦み〉で締め括るのはなぜだろうか。渋い紅茶、苦み走ったエスプレッソ、或いは懐石で出される濃茶《こいちゃ》。そこまで大仰な話でなくとも、食事の後に渋茶を一服、という家庭は少なくない。ランチの後のコーヒーもサラリーマンのささやかな愉しみだ。大きくなったお腹をさすりながらカップを鼻に近付けて香りを愉しむ……。

〈旨い〉は〈甘い〉から派生したと言われているように、食事はある意味〈甘み〉を愉しむもの。〈甘み〉は人の気分を昂揚させるが、いつまでも昂《たか》ぶっているわけにはいかない。〈食〉から次の時間へと切り替えるための切っ掛け。〈食〉によって昂ぶりを抑え、心を鎮めていく。それが実は〈苦み〉の役割なのである。そしてその多くは〈香り〉によってもたらされる。言い換えれば、食事を心地よく締め括るのは〈苦い香り〉なのである。同じ茶の木から作られてはいるが、煎茶は覚醒作用を、番茶は鎮静作用をもたらすのも不思議な話ではある。

〈苦い香り〉がまず鼻腔《びくう》をくすぐり、舌先からゆっくりと苦みが口中に広がっていく。食事を締め括るにふさわしい時間が訪れる。

さて話を戻して「一保堂」の〈いり番茶〉。これほどに個性的な香りを漂わせるお茶は他にない。ブラインドテストをしても、このお茶だけは香りで判別する自信がある。暖炉の残り火、焚き火の周り、スモークチップ。湯呑を鼻先に持ってきた瞬間、そんな香りが漂ってきたら、それは間違いなく「一保堂」の〈いり番茶〉だ。

このお茶を初めて飲んだとき、その際立った個性に誰もが戸惑う。他に類を見ない野味溢れる香りは、だが慣れるにしたがって、この馨《かぐわ》しさがクセになるのも不思議なこと。これをして〈火香《ひか》〉と呼ぶのだそうだ。火の香り、何とも言い得て妙ではないか。

〈いり番茶〉は初摘みの後、茶畑に残った葉や枝、茎を蒸して乾燥させたもの。別名を始末茶と言い、無駄なくお茶を味わい尽くすために作られた、いかにも京都らしいお茶だ。それゆえ〈京番茶〉とも言われる。〈番〉とは普段使いの、或いは、質素な、という意を表している。古から都人は今で言うエコを実践してきたのだ。

平安の都から千二百年、ともすれば雅な都振りばかりが目立つ京都だが、その本来の暮らしは存外、質素倹約を旨とするものだ。今ではまるで京のご馳走でもあるかのように喧伝されている〈おばんざい〉も、元は〈お番菜〉と書くように、普段の質素なおかずを言ったもの。つまりこの「一保堂」の〈いり番茶〉は、ただ美味しい、を超えて都人の質実な心根を表すものでもある。

まずはやかんに湯を沸かす。沸騰したなら火を止めて、ふた摑みほどの〈いり番茶〉を入れて待つことしばし。ふわりふわりと〈京〉が薫りだす。これが典型的な京都のお茶時間である。

京の喫茶店

平成二十七年（二〇一五年）の立春を過ぎた頃、東京の清澄白河《きよすみしらかわ》に時ならぬ大行列ができ、その先にはアメリカのコーヒーチェーン店の第一号店があった。

近年のコーヒーはスターバックスに代表される、ファストフード感覚のコーヒー店が主流を占めてきた。それを更に一歩進めた形になったのがコンビニのコーヒー。より手軽に飲める方向に舵《かじ》を切ったように見える。

冒頭に書いたコーヒーチェーン店は、それとはまったく逆の方向に向かおうとしているようだ。何しろそのコーヒーチェーン店の創業者は、日本の純喫茶に魅せられ、それをモデルにしているというのだから。

京都に限ったことではないが、喫茶店が年々その姿を消している。喫茶店組合の調べによると、三十年前には全国に三万店以上あったのが、今では一万店あるかないかになってしまったそうだ。

京都もその例外ではなく、かつては純喫茶と呼びたくなるような喫茶店が、京の街中には溢れていた。

洛中を少し歩くだけで、すぐに喫茶店が見つかる。たいていはガラス格子のドア。開けるとドアベルが鳴る。その音を合図に客を迎える言葉が届く。

サイフォン、ネルドリップ、マシーンと淹《い》れる法は違っても、誰も何も急がず、ゆっくり流れる時間を愉しむのが京の喫茶店。無論のこと美味しいコーヒーを味わう目的もあるが、それよりも句読点としての役割を果たすのが、京の喫茶店の本来の姿。

紫煙をくゆらせながら新聞を広げ、ゆっくりとコーヒーカップを傾ける。ある意味でコーヒーは脇役で、そこで過ごす時間こそが主役だったのが、昔の喫茶店。

今では観光客にも人気となり、地元以外の客も少なくないが、「**イノダコーヒ**」なども馴染み客のオアシスの様相を呈していた。

物心ついた頃から既に「イノダコーヒ」はあって、最もよく通ったのは学生時分だったか。コーヒーを飲みに行くというより、この店に身を置くことが第一義だった。街場の喫茶店の緩い空気も好ましいが、「イノダコーヒ」には微かな緊張感を持って臨む、という空気が流れている。白いシャツに蝶ネクタイをきりりと締めたボーイさんが注文を聞きに来る。

やがて届いたコーヒーには最初からミルクも砂糖も入っていて、これが「イノダコーヒ」のコーヒーなのだと思って飲むと、ふわりとした気分になり、ついつい長居をしてしまう。いつもそんな風だった。

そしてそこで出される軽食もまた魅力的で、それは京言葉でいう〈虫養い〉の範疇にあり、小腹が空いたときにも「イノダコーヒ」のドアを開け、パンランチやサンドイッチ、スパゲッティなどに舌鼓を打った。

「イノダコーヒ」に代表されるような、落ち着いた喫茶店は今も街中に点在していて、「**スマート珈琲店**」や「**前田珈琲**」などがその名をよく知られている。ガイドブックでもお馴染みの有名店以外にも、京都には個性溢れる喫茶店があちこちに点在し、ここで過ごす時間もまた京都の定番である。

昭和の香り漂う、西陣の「静香」

Map G

千本今出川を少しだけ西に入って南側、今出川通に面して建つ「**静香**」は今風の言葉で言えばレトロ喫茶。昭和の香りが色濃く漂う喫茶店である。西陣織の産地として知られる西陣に店を構える。その一風変わった店名とレトロモダンな佇まいは、ここより西北に広がる花街、上七軒に由来する。

店の名は、昭和十二年（一九三七年）にこの喫茶店を開いた、先斗町《ぽんとちょう》の芸妓、静香さんに由来する。京都五花街のひとつ上七軒は、西陣の旦那衆を主な贔屓《ひいき》筋として、昭和の初め頃から大いに賑わった。旦那衆と芸妓が待ち合わせる場所として、当時の言葉でいうハイカラな店は格好のスポットだったのだろう。

店の主が代わり、七十年以上の時が流れても、店のあり様も佇まいも変わることはない。雲や小鳥がデザインされたガラスドアは職人の手彫りだという。ドアを開けて店に入るとタイル貼りの床、背もたれが隣席との仕切りになるブルーの布が貼られた長椅子。まさに昭和の空気。

古くからの京都の喫茶店お決まりのミルク入りコーヒーは、耐熱ガラスのカップに入って出てくる。添えられた大小ひとつずつの角砂糖が何とも愛らしい。オーソドックスなホットケーキやハムトーストなどの軽食も、ちゃんとした手作りでとても美味しい。西陣歩きの際には是非とも立ち寄りたい。

京都御苑のすぐ近く、「喫茶 茶の間」でカレー Map A

京都御苑のすぐ近くにあって、下長者町通に面していながら、京都人でも知る人の少ない店。それが「**喫茶 茶の間**」。

店の中を見通せる大きなガラス窓。アーチ型の黒いテントに囲まれた入口ドア。二階には虫籠窓。特徴があるようなないような外観は、かつて京の喫茶店がどこでもそうだったように、派手な装飾は何ひとつない。しっとりと京の街並みに溶け込んでいるからこそ目立たない。

店の名が示す通り、店内にはいたって気楽な空気が流れていて、常連さんらしき客が思い思いに寛いでいる。

喫茶店だから、分厚い陶製のカップで出てくるコーヒーも無論のこと美味しいのだが、この店で是非とも食べておきたいのがカレー。

僕などは美味しいカレーを食べたくなったら、この店が真っ先に頭に浮かぶほど、コクのある旨いカレーが食べられる喫茶店なのである。

かつてこの店でアルバイトをしていたスリランカ人のレシピにヒントを得て編み出したというカレーは、スパイシーな辛さを特徴としながらも、どこかしら家庭的な味もする。

十種類ほどのスパイスをブレンドし、玉ねぎと牛肉だけを具にしたカレー。辛さはマイルドから大辛までの五段階から選べるのもカレー好きには嬉しい。僕はいつも大辛。食べ始めてしばらくすると額に汗が滲《にじ》み始め、食べ終える頃には汗だくになる。なので「茶の間」でカレーを食べようと決めたときは、冬でも半袖シャツを着て行く。

早い時間はサラサラカレー、遅い時間になるとトロトロカレー。食べる時間によって味わいが変わるのも愉しい。京都御苑散策の折には是非とも「茶の間」のカレーを。

河原町で何十年と変わらぬ姿をとどめる「六曜社」 Map B

洛中のメインストリートである河原町通に面し、繁華街の真ん中にある「**六曜社珈琲店**」は、僕が学生時分に最も多く通った喫茶店。それから四十年ほどが経った今も健在で、変わらぬ商いを続けているというのは実に嬉しい。

店は一階と地下に分かれていて、まったく別の店のようでもあり、しかし時間によっては一階から地下にコーヒーが運ばれるという一体感も見せる。

京都の喫茶店らしく、いくらか酸味の強いブレンドコーヒーは今も昔と変わらぬ味わいで、歩き疲れた身体を休め、ホッコリとひと息吐くには格好の味と、落ち着いた店の空気。

少しばかり口寂しさを感じたなら、是非とも「六曜社珈琲店」名物のドーナツを。

オーブンで温められた、控えめな甘さのドーナツは、チェーン店のそれとは違って、軽やかな味わいで、コーヒーの苦みとのバランスがとてもいい。クラシック音楽が流れる店で、じっくりとコーヒーを味わう時間はいかにも京都らしい。

京大近くのアカデミックな名曲喫茶「柳月堂」

Map F

京阪電車の出町柳駅は地下駅であって、地上に出ると叡山《えいざん》電鉄の駅になっている。大阪方面と八瀬《やせ》、鞍馬《くらま》を結ぶターミナルであるとともに、京都大学への玄関口でもある。

駅前の狭い通りを東へ辿ると京大への近道になる。つまりはこの通りは京大への通学路となり、通りの両側には、学生向けの食堂や喫茶店が点在している。

何しろ相手は天下の京大生だから、喫茶店ひとつにしても、それなりの重みが漂っている。その代表とも言えるのが駅の斜め向かいにある「**柳月堂**《りゅうげつどう》」。

赤煉瓦のビルは一階が駐輪場になっていて、その一角に「ベーカリー柳月堂」というパン屋がある。食パン、アンパン、蒸しパン、惣菜パンなど、昔ながらの製法で焼かれたパンは、どれも懐かしい味わい。

そのパン屋の横の階段を上がって二階にあるのが「柳月堂」。今では貴重な存在となった名曲喫茶。

ト音記号をデザインした白い暖簾を潜って、階段を上がると店の入口。

まずはここで音に対する説明を受ける。会話のみならず、諸事雑音も禁じられる。携帯電話の電源も無論切ることになる。つまりはコンサート会場と同じだと思えばいい。クラシック音楽以外は、ほとんど無音状態というのもなかなか新鮮な気分。普段はいかに多くの音の中で過ごしているかを実感する。

ストックリストから好きなレコードをリクエストし、一階で買ったパンを持ち込んでコーヒーと一緒に味わうのも乙なもの。音楽チャージが別途五百円必要だが、日々の雑音をシャットアウトする価値は充分ある。友達どうしで来ておしゃべりしたければ、会話ができるスペースもある。アカデミックな喫茶店も京都ならではの愉しみ。

京都の喫茶店の草分け「進々堂京大北門前」

Map F

アカデミックな喫茶店をもう一軒。「柳月堂」の前の道を東に進み、百万遍《ひゃくまんべん》の交差点に出たら、今出川通を東へ。南側に京大キャンパスの杜を見ながら歩くと、「**進々堂《しんしんどう》京大北門前**」に行き着く。

まずは外観。昭和五年（一九三〇年）創業という店の構えは往時のままだそうだ。八十五年も前に建てられたとき、さぞや京都人は驚いたことだろう。その風雅なデザインは、カルチエ・ラタンのカフェをイメージしたのだという。なるほどセーヌ川の河畔に建っていてもよく似合いそうな建築だ。

店に入ってもその流れは途切れることなく、店と客が一体になって醸しだす空気も、どことはなしにヨーロッパナイズされている。もっとも近頃は観光客に占領されてしまうことも少なくないのだが。

パンとカレーソースがセットになった〈カレーパンセット〉でよく知られる店だが、このメニューなども勉強に没頭する学生に向けてのものだったという。

広いテーブルと長椅子は本やノートを広げるのに格好の家具。後に人間国宝になった黒田辰秋が、依頼を受けて作り上げたテーブルは、長い年月を経て一層味わい深い手触りとなり、コーヒーの香りに実によく似合う。

黒田と親交の深かった祖父に連れられ、小学生の頃から幾度もこの店に来て、いつもテーブルを撫で回したことを思い出す。

京都の喫茶店の草分けともいえるこの店に来たなら、静かに読書しながらお茶を愉しみたい。

古き良き時代の正しい喫茶店「築地」

Map B

京都のメインストリートである河原町通と、その東側にある木屋町通の間には、ふたつの道を結ぶ細道が何本もあり、取り分け三条通から四条通の間は、飲食店がひしめき合っていて、その間に妖しい空気を発散する店が混在している。

そんな猥雑な空気をすり抜けると、まるで別世界のようにクラシカルな雰囲気を湛える喫茶店があって、その名を「**築地**」という。

先の「進々堂京大北門前」に遅れること四年、昭和九年（一九三四年）にこの店を開いた初代が〈築地小劇場〉の熱烈なファンだったことで、その名が付いたという。

店の前に立ち、その外観を眺めているだけでも、飽きることがない。

凝った装飾の施された看板には赤いプレートが嵌めこまれ、〈築地〉と白字で書かれている。二階には小さなバルコニーが張り出し、その両側には瀟洒《しょうしゃ》な窓が並ぶ。

少し奥まった入口ドアは木製で、床と腰板に貼られたカラフルなタイルがよく合っている。

店に一歩足を踏み入れると、その重厚な内装に圧倒される。フローリング、土壁、置物、額絵、ひとつずつ見ていけば、古き良き時代を彷彿させる、それらだけで充分愉しめる。

赤い布張りのアンティーク・チェアに腰掛け、クラシックを耳にしながら、ウインナーコーヒーをゆっくりと味わう。京都における、正しい喫茶店の過ごし方を、この店が教えてくれる。

地元民の生活に溶け込んだ「花の木」 Map F

街中から少し離れ、近くに観光名所もないような場所にある喫茶店は、概ね観光客無縁の、地元民御用達の店。

地下鉄烏丸線の北大路駅と鞍馬口駅の中間辺り、烏丸紫明を東に入ってすぐの北側にある「**花の木**」などがその典型。

僕が中学生の頃にできた店で、高校、大学と、何かといえばこの「花の木」に通い、格好良く言えば、青春時代を共に過ごした店である。

朝八時から店を開けているので、モーニングセットを目当てに訪れるのもいい。下鴨、上賀茂神社などを参拝し、賀茂川を散策して紫明通から店へと辿るコースは四季を通じてお奨めできるコース。

ホットドッグやトーストにコーヒーが付いたセットは、軽く朝食を済ませたい向きには格好のメニュー。

赤と黒のストライプが目を引くドームテントが店の目印。ガラスの格子ドアを開けて店に入れば芳しいコーヒーの香り。

京都の店らしくうなぎの寝床。市松模様の床と幾分低めのテーブルが落ち着いた空気を醸し出す。

このテーブルを挟んで、どれほど多くの友と語らっただろうか。無論そんな郷愁などなくとも心地よく過ごせる喫茶店。先年旅立った名優も、幾度となく通ったという店は、そう言えば映画のワンシーンに出てきても不思議ではないような空気を漂わせている。

行列に並ばずに美味しい抹茶スイーツを「大谷園茶舗」で Map エ

抹茶を使った和菓子は古くからあったが、洋菓子系に使われるようになったのは、さほど古いことではない。が、いつの間にかバリエーションも増え、今や京土産を代表する菓子が、俗に言う抹茶スイーツ。

還暦をとうに過ぎた頑固オヤジは、和菓子とスイーツは別物だ！　と言い続けているのだが、時代の流れに押し込まれているのが何とも情けない。

それはさておき、抹茶を使った菓子の人気は凄まじいものがあって、祇園石段下近くで、抹茶スイーツを出す店には、いつも長い行列ができている。特段この店でしか食べられないというものではないように思えるのだが、人気の店に集中するという悪しき傾向は京都中で散見される。

長い行列など作らずとも美味しい抹茶スイーツを食べられる店が、「東福寺」の近くにあって、店の名は「**大谷園茶舗**」。宇治茶を商う店として八十年を超える歴史を持つ。

ワッフルコーンに入った宇治茶ソフトに、丹波大納言あずき、栗、白玉だんご、などをトッピングした〈宇治茶パフェソフト〉が四百円で食べられるのも嬉しい。喫茶コーナーでも食べられるが、テイクアウトすれば五十円引きになる。

スイーツではなく、お茶を愉しみたいという向きには、宇治田原産の玉露を味わえるメニューもあり、インストラクターが美味しいお茶の淹れ方をレクチャーしてくれる。

東山観光の句読点として、銘茶をじっくり味わう。これも京都の喫茶店文化のひとつである。

京都といえばタマゴサンド

長く京都に住んでいると、当たり前だと思っていた食べ物が、他の地方ではまったく異なっていて、戸惑うことがある。その典型例がタマゴサンド。

京都人がどんなときにタマゴサンドを食べるかと言えば、多くがお茶の時間。ディナーはもちろんのこと、しっかり食べようとしてランチにタマゴサンドを選ぶことはまずもってない。朝と昼の繋ぎ目だったり、三時のおやつ代わりだったり。甘いものでもいいのだが、もう少しお腹に入れたいというときに格好なのがタマゴサンド。

そして京都でタマゴサンドといえば、誰が何と言おうと、ふわふわのオムレツをパンに挟んだものである。いや、もちろん例外もあって、たまにカフェなんかで、刻んだゆで卵をマヨネーズで和えた、冷たいタマゴサンドが出てくると、少なからず戸惑ってしまう。

もっとも、全国的にはこちらの方が主流のようで、観光客と思しき人は、何も疑問を持たずにパクついている。

どっちでもいいじゃないか、と思う人は生粋の京都人ではない。京都に生まれ育った者は、ふたつのタマゴサンドをハッキリ食べ分ける。焼き立てふわふわオムレツか、それともゆで卵たっぷり、マヨネーズ味のタマゴサラダ系か。

オムレツ系のパンと卵を取り持つのは、スライスした胡瓜とケチャップ。しかしこれは店によってまちまちで、胡瓜を挟まずオムレツだけという店もあり、ケチャップの代わりにマヨネーズという店も増えてきた。時代の流れなのだろう。

京都のオムレツ系タマゴサンドと言って、必ず名前が挙がるのは、今はなき名店「コロナ」。

齢《よわい》九十を超えてなお矍鑠《かくしゃく》として、フライパンを振り、洋食を作り続けてきた主人が、惜しまれつつ先年引退した。洋食全般、どれを食べても美味しかったが、取り分けタマゴサンドは、見た目のインパクトを上回る味わいで、いつしかレジェンドとなっていた。パンから溢れ出さんとするオムレツの迫力に誰もが圧倒され、しかし食べ始めると、その旨さに驚き、あっという間に完食してしまう。

そのレシピを忠実に再現し、近年人気急上昇の「**喫茶マドラグ**」のタマゴサンド。「コロナ」譲りの分厚いオムレツを挟んだタマゴサンド。これが京都スタンダードと言ってもいいだろう。

さて、そのタマゴサンド。京都のそれは大きく三つに分かれる。ひとつは「コロナ」に代表される洋食屋のタマゴサンド。

京都の洋食屋にもたいていメニューにタマゴサンドがあり、そのほとんどはオムレツ系。パンからはみ出しそうなほど分厚いオムレツは、焼き立てほくほくで、食べ応え満点。京都五花街のひとつ、宮川町に店を構える「**グリル富久屋**」などがその典型。形状は三角形か、もしくはそれに近い台形が特徴。大きなオムライスで人気の「**グリル小宝**」は三角形のサラダ系。

もうひとつ、サラダ系が主流だと思うのが喫茶店のそれ。たとえばホットケーキで有名な「**スマート珈琲店**」。ここもオムレツ系だが、タマゴサラダ系を出す喫茶店もあり、ふた手に分かれる。比較的小さな喫茶店はオムレツ系、大型店はサラダ系になるようだ。形状はどちらもスリムな矩形か台形。

その喫茶店系を進化させると「**遊形サロン・ド・テ**」のものになる。オムレツ系でもサラダ系でもなくスクランブルエッグ。舌触りも滑らか、焼き立てふわふわで、とても美味しい。

三つ目はパン屋のタマゴサンド。よく知られているのは「**志津屋**」のそれ。オムレツ系とサラダ系、両方あるが、人気は前者に軍配が上がる。京都に来るとつい和食になってしまい、タマゴサンドを食べる機会がなかった方。京都駅の「志津屋」で〈ふんわりオムレツサンド〉を買い求め、是非とも食べてみて欲しい。ふわりと柔らかいオムレツ、これぞ京都のタマゴサンドである。

京都人はふわふわ卵が好きで、それゆえ、美味しい親子丼を出す店や、オムライス専門店が多い。やさしい黄色が雅な京都のイメージによく合うのと、物価の優等生と言われる卵を使って、いつでも手軽に食べられるからだろうと思う。高級懐石とは対照的なタマゴサンドもまた、京都ならではの食なのである。

第八章

花街と祇園町の愉しみ

京都五花街

京都を艶《あで》やかに彩る存在に花街がある。はなまち、と読む向きもあるが、正しくは、かがいと読む。

京都には五つの花街がある。ただそれを更に正確に言うならば六花街なのだが。花街の名を挙げると、**祇園甲部《こうぶ》、祇園東、上七軒、先斗町《ぽんとちょう》、宮川町、そして嶋原《しまばら》**。六つを数えるが、嶋原は花街連合組合から脱退したので、残る五つを、五花街《ごかがい》と呼ぶことが一般的になっている。

それぞれ大まかな場所で言えば、嶋原は京都駅から西北方向へ行った辺り。JR嵯峨野線の丹波口《たんばぐち》駅近く。付近には中央卸売市場があり、朝の時間帯は仕入れ業者で混み合うが、昼頃からは静かな佇まいになる。

我が国最古の公許遊郭である嶋原は、京都の花街の中では異色の存在と言ってもよく、昔ながらの風情を色濃く残し、特に嶋原大門などは、江戸情緒さえ湛えている。

当初は二条柳馬場《やなぎのばんば》に開かれ、その後、六条三筋町《みすじまち》に移転し、更に寛永《かんえい》十八年（一六四一年）になって現在の場所に落ち着いたという、慌ただしい移転騒ぎが、当時九州で起こった島原の乱に似ていることから、島原（嶋原）という名が付いたと言われている。

整然とした街並みが保たれているので、花街遊びというよりは、歴史的価値を持つ界隈を見学するという気構えで訪ねるのがいい。

上七軒は「北野天満宮」から少し東に行った辺り。西陣の旦那衆が足繁く通う花街。室町期に「北野天満宮」を再建した際、余材で七軒の茶店を建てたことから、上七軒と呼ばれるようになったと伝わるが、定かではない。

桃山期になって、豊臣秀吉が「北野天満宮」で大茶会を開いた際、七軒の茶店が団子を献呈したことから、上七軒は五つ団子の紋章を用いることになったとも言われている。

同じように、それぞれ花街によって紋章が異なり、お茶屋さんの軒先に吊るされる提灯を見れば、どこの花街かが分かる。たとえばお茶屋の玄関先で記念撮影をして、その写真を見ただけで、花街の名前を言い当てることができる人は、相当な遊び人と言えるだろう。

先斗町は三条大橋の西畔から南へ延びる、細い道筋にある。花街というより、飲食店が多く建ち並ぶ界隈というイメージが強い。

元は二条新地という名で、明治期に入って花街として独立したのが先斗町。鴨川の東岸から見える、先斗町歌舞練場は界隈のランドマークになっている。

京都

五花街の紋章

祇園甲部

8個の「つなぎ団子」の中に、
「甲」の一文字。

先斗町

「千鳥紋」。

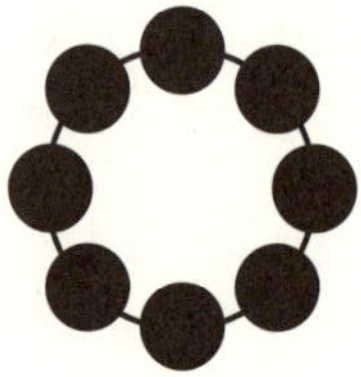

祇園東

「つなぎ団子」だが、
輪の中に文字は書かれない。

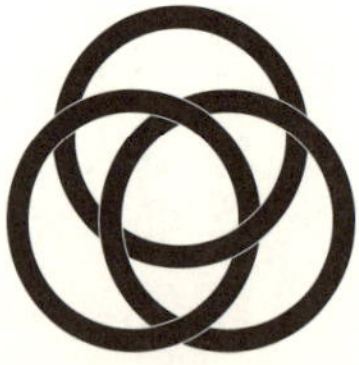

宮川町

「三つ輪」。

上七軒

太閤秀吉のお気に入りだった
「五つ団子(御手洗団子)」で
円が描かれている。

先斗町の名はポルトガル語のポント（先）から派生したと言われているが、東が鴨川で、西が高瀬川、川を皮に読み替えて、皮に挟まれた鼓を叩くと、〈ポン〉と音がするのをもじって名付けられたとも伝わっている。

先斗町通は車も通らない、細い道筋だから、舞妓や芸妓が歩いていれば、すぐ間近で見ることができる。

先斗町から鴨川沿いに南下し、松原橋を東に渡った辺りから南に広がるのが宮川町。宮川筋の、二丁目から六丁目までが花街となっている。

近年石畳の路に整備され、しっとりした風情を醸し出し、細い路地が巡らされ、歩いて愉しい街並み。

これら五つの花街はそれぞれに異なる空気を持ち、客筋も違えば、仕来りも微妙に異なる。

八坂神社と縁の深い、祇園町

そして祇園。昔はひとつの花街だったのが、明治の半ばになって、祇園甲部と祇園東に分かれたもの。

祇園東は、東大路と花見小路の間で四条通北側の通り三本、すなわち東富永町、中末吉町、新橋にまたがる地域を言い、十二軒のお茶屋がある。

祇園甲部は、およそ四条通の南側。多くが抱く、京都の花街のイメージに最も近い。花見小路四条の角には、ベンガラ色の壁が印象的な一力茶屋があり、芸妓舞妓の姿を見掛ける機会が一番多いのも、この祇園甲部だ。

花街の棲《す》み分けと似たような区分けに、祇園町北側と祇園町南側がある。

四条通を挟んでの北と南の区分けだが、北側はいくらか雑然としていて、逆に言えば親しみやすい街並みになっている。南側はと言えば、花見小路通に代表されるしっぽりと落ち着いた街並みが続く。同じ花見小路通でも、四条通から北と南では、随分と雰囲気が異なる。それも含めての祇園。

東の銀座、西の祇園。そんな風に言われることもあるようだが、似ているようで違いも大きい。

似ているところと言えば、ステータス、或いはブランド力。銀座と同じく、祇園を冠するだけで価値はいやが上にも増す。

最大の違いはバックボーン。祇園は今の「八坂神社」、かつての「祇園社」を背景にして発展してきた町。信仰との繋がりが深いのである。

「八坂神社」と言えば夏の祇園祭が思い浮かぶが、疫病退散を目的として始められ、牛頭天王を祀っている。

その祇園祭の際に授与されるのが厄除ちまきで、そこには〈蘇民将来之子孫也〉という護符が付けられている。これは牛頭天王が旅をしたときに手厚くもてなした蘇民将来に由来する。お茶屋をはじめ、祇園の飲食店の玄関先に粽《ちまき》が飾られているのは、厄除けともうひとつ、おもてなしの徴でもあるのだ。

祇園と言えば八坂さん。神さまと密接な繋がりを持っているところが、他の花街や銀座との違いだろう。

芸妓と舞妓

芸妓と舞妓はどこが違うのか。よく聞かれるところ。

日本中の花街で、芸妓、つまり芸者はどこにでもいるが、舞妓という存在は京都だけのものである。

ざっくり言えば芸妓見習いといったところ。

たいていは中学を卒業してすぐ舞妓になり、二十歳になる頃まで、舞をメインに修業を積む。もちろん舞だけではない。茶道、華道、三味線や長唄に至るまで、たくさんの芸事を習い、立派な芸妓になれるよう研鑽を積む。

年端もいかない少女が、故郷にも帰らず、懸命に修業を積んだ数年間の成果が、立派な芸妓になる結果を生む。それをお披露目するハレの日を〈襟替《えりか》え〉という言葉で表す。着物の襟を赤から白へと替えることから、そう呼ばれている。

見た目は華やかだが、舞妓は自由になる時間も少なく、大変な仕事である。最近は変身舞妓と言って、旅行者が舞妓の扮装《ふんそう》をして祇園町を歩いているが、本物は柔和な笑顔を絶やさず、しかし誇りを持って仕事をしている顔付き。偽者はたいていが締まりのない顔で、歩き方もおぼつかないことから、簡単に区別できる。

芸妓は大きくふたつに分かれ、ひとつは地方《じかた》と言って、長唄や清元《きよもと》などの唄と、三味線などの鳴物、語りをうけもつ。もうひとつは立方《たちかた》。これは舞踊を専らとする。お座敷では、舞妓が立方、芸妓が地方というのが一般的な組み合わせ。

京都に来たからには、是非とも舞妓や芸妓に会いたい。どうすれば会えるのか。そんなお尋ねをよく頂戴するが、これはなかなかに難しい。

お茶屋とは別に、花街には置屋《おきや》というものがある。分かりやすく言えば、お茶屋は貸し会場。元々は神社やお寺に参詣に来た人たちにお茶や団子を出して、もてなした店ゆえ、常時そこに舞妓や芸妓がいるわけではない。

舞妓や芸妓は、置屋、或いは屋形と呼ばれるところで待機している。それをお茶屋に呼んで、そこで遊ぶというシステムになっている。今風に言えば、置屋は芸能プロダクション、お茶屋はライブハウス、もしくはコンサート会場のようなものだと思えば分かりやすいだろう。

つまりは、お茶屋と繋がりを持つことができれば、そこで舞妓や芸妓に会うことができるというわけだ。と、ここで大きな壁が立ちふさがる。一見さんおことわり、というシステム。

「一見さんおことわり」でも可能性はあるのか？

京都ではイメージが先行して、言葉だけがひとり歩きすることがよくある。おばんざいや、ぶぶ漬け伝説と同じく、一見さんおことわりも、実態とは少しかけ離れた形で伝わっているようだ。

ごく一部の店を除いて祇園町にあっても、ほとんどの飲食店では、一見さんでも受け入れてくれる。ただし、いきなり訪ねたのでは無理な場合が多く、必ず予約しないといけない。既に予約が埋まっていれば諦めざるを得ないが、どんな有名な店でも、一見だからという理由で断られることは、普通にはない。

唯一例外となるのがお茶屋。ここは基本的に一見さんおことわりになっている。とは言っても、イケズ（＝意地悪）をしているのでもなく、排他的な目的でそうなっているのでもない。そうならざるを得ない事情があるのだ。

お茶屋さんというのは、先に書いたように、お茶屋遊びの場を提供するところ。客からの予約が入れば、置屋に連絡して芸妓や舞妓さんの手配をする。食事を伴う場合は、仕出し屋に頼んで、料理を運んで来てもらう。会席料理だと、料理人が出張して来ることもある。

送迎の車から、おみやげに至るまで、すべてをお茶屋の女将が手配し、代金も立て替える。お茶屋遊びをして、その場で支払うことはほとんどなく、後日請求書が送られて来るのが通例。つまりお茶屋の女将は、今風に言えばコンシェルジュでもあり、ツアーコンダクターでもある。

しかも多額の代金を立て替えるわけだから、信用の置ける相手でないと困る。見ず知らずの一見客がお茶屋遊びをするのが難しい、最大の理由がこれ。

しかし、ただ代金の立替だけが問題なのではない。客の好みの問題もある。贔屓の芸妓、舞妓がいるか。食の好みはどうか。お酒は何を用意するか。そこに加えて接待に使うのであれば、接待相手の好みまで把握しなければならない。客の希望をすべて叶えてこそのお茶屋。一見さんでは難しいことが、お分かりいただけるだろう。

では、その一見さんおことわりのお茶屋で遊ぶためにはどうすればいいのか。

京都に知人がおられれば、その方に仲介していただくのが、一番スムーズ。とは言っても、今の時代、お茶屋とお付き合いのある京都人は少なくなってきており、伝手《つて》を頼るのも難しいかもしれない。そんなときは泊まっている宿に紹介してもらうのも一法。多くのシティホテルや、それなりの日本旅館であれば、きっと馴染みのお茶屋を紹介してくれる筈。

ホテルによっては、お茶屋遊びと宿泊をセットにしたプランを設定しているところもあるので事前に問い合わせてみたい。

もしくは馴染みの割烹やレストランがあれば、そこの主人に紹介してもらうのも一法。

いずれにせよ、京都にお住まいで、信頼の置ける方からの紹介がベスト。

最近では、ネットなどで、手軽にお茶屋遊びができるとして、プランを売っているサイトもあるが、これらはあくまで入門編だと思った方がいい。仲介する側も、それを請け負うお茶屋も、ビジネスとして割り切っているだろうから。

いずれにせよ、祇園でお茶屋遊びをしようと思えば、京都に行くまでに手配を済ませておきたい。

お茶屋遊び

運よくというか、念願叶って、お茶屋で遊べる機会を得たとしよう。そこで、どんな風に遊ぶのか。簡単に紹介しておくとしよう。ただ、これはほんの一例であって、愉しみ方は千差万別。その場を設ける目的によって雰囲気は大きく異なる。完全オーダーメイドといってもいい。

たとえば大切な商談などの場合は、最初こそ舞妓や芸妓が同席し、酒を注いだり、会話に入り込んで、客をもてなすが、話が佳境に入ると退席してしまうこともある。芸妓や舞妓たちがここまでの雰囲気作りをし、商談がスムーズに運ぶようにしてくれるわけだ。

しかし大方の客は賑やかな宴席を好み、舞妓の舞を愉しんだり、遊びに興じるのが一般的。

一番ポピュラーなのは〈祇園小唄《ぎおんこうた》〉だろうか。屛風《びょうぶ》の前で、立方の舞妓が舞い、その傍らに座る地方の芸妓が、三味線を弾いて小唄を歌う。祇園ならでは、と言えばこれに優るものはない。

酒が入り、食事がいち段落すると、いわゆるお座敷遊びが始まるが、これは概ね、他のどこの花街でも同じようなもので、特に祇園だけのものというのは少ないように思う。

よく知られているのは〈とらとら〉。

真ん中に屛風を立て、その両側に芸妓と客が、それぞれ立ち、唄と三味線に合わせて踊る。唄の最後で　――とらと〜らと〜らとら〜――

と歌われたら、屛風の前に出て、三種類のジェスチャーから選んで、ひとつを真似る。その三種類とは、虎、杖をついた老婆、そして和藤内《わとうない》。

この和藤内というのは中国から伝わった人物名で、東京の花街では加藤清正に代わることもあるようだ。この三つは三すくみ状態で、いわばジャンケンのジェスチャー版だと思えば分かりやすい。

もうひとつ、代表的な遊びは〈こんぴらふねふね〉。

真ん中に置いたビールの〈袴〉を、芸妓と客が取り合う遊び。ふたりが交互に〈袴〉の上に手を置き、手を引っ込めたり、〈袴〉を自分のほうに引き寄せたりする。〈袴〉が真ん中にあるときは〈パー〉にし、相手に〈袴〉を取られたときは、手を〈グー〉にして置く。これを繰り返しながら〈こんぴらふねふね〉のお囃子に乗って手を動かすのだが、だんだんお囃子が速くなっていくに連れて、盛り上がってくる。

〈とらとら〉も〈こんぴらふねふね〉も実に単純で、他愛のない遊びだが、興が乗ってくると、存外愉しいもの。慣れないうちは、気恥ずかしさも手伝って、照れてしまうが、積極的に愉しんだ方が得策。日頃の憂さを晴らし、雑事は一切忘れ去るのが、お茶屋遊びの要諦である。

愉しい時間はあっという間に過ぎ、さて、ここで気になるのが代金である。

先に書いたように、ほとんどのお茶屋ではその場で支払うことはなく、後日送られて来る請求書にしたがって、代金を持参するか、送金することになる。

芸妓や舞妓の、宴席料金を花代と呼ぶのだが、これは一人当たりいくらという形になるので、予算が低ければ当然人数は少なくなる。舞妓が二人で舞って、地方が二人、というのが一般的な形。気になるその花代、それを詳らかにしないのが祇園の習わしでもある。時価という風に考えることもできれば、客とお茶屋との関係によっても異なると言われているが、それも決して明らかにはされない。

ざっとの目安で言えば、舞妓、芸妓を二時間の宴席に呼んだとして、一人当たりの料金は、箱根辺りの高級日本旅館の一泊二食付き料金と、ほぼ同額と考えていい。それを高いと思うか、安いと思うかは人それぞれ。そもそも、そんなことを気にするようではお茶屋遊びなどしない方がいい。

それでも、なんとか安くおさめたいと思うなら、客の数を増やすこと。

花代はお座敷に呼ぶ舞妓や芸妓の人数で決まるから、割り勘にするのなら、客の数が多ければ割安になる。食事は外で済ませて、何人かを集めれば、比較的値頃な金額で、お茶屋遊びを愉しむこともできる。

お茶屋に行かずに祇園風情を愉しむ

Map C

そうは言っても、京都で、しかも祇園でお茶屋遊び。そうそう簡単に叶うものではない。せめてその雰囲気だけでも味わいたいという向きに格好なのがお茶屋バー。

最近では、お茶屋遊びをする人が減ってきたせいもあって、お茶屋がバーを開くことが多くなってきた。その名もシンプルにお茶屋バー。

お茶屋の一画に設えられたバーラウンジ。ここなら一見客でも受け入れてくれる店が少なくない。女将や、手の空いた舞妓や芸妓が酒の相手をしてくれる。一般的なバーに比べれば幾分値は張るが、それでもお座敷遊びよりは値頃。

それすらも難しいとなれば、舞妓、芸妓御用達の店に行って、彼女らとの遭遇を待つしかない。

芸妓たちは、京料理をはじめとして、どうしても日本料理を食べる機会が多いので、普段は気楽な洋食屋や、うどん屋、甘党の店に行くことが多い。

一例を挙げると、四条切通しを上ったところにある「**おかる**」。

京都らしい出汁の効いた蕎麦やうどんの美味しい店。冬ならあんかけうどん、夏場ならカレーうどん。おちょぼ口を開けて、舞妓がうどんをすする姿はなんとも愛らしい。

或いは「**権兵衛**」。ここで蕎麦を食べる舞妓の姿は何度か見掛けた。

その南側にある「**切通し進々堂**」という喫茶店も、芸妓たちの御用達店。一見すると普通の喫茶店だが、ここの店先で売られている、フルーツゼリーは舞妓が名付け親だそうだ。

〈あかい〜の〉〈みどり〜の〉〈きいろい〜の〉と、それぞれ色によって名前が付いている。普段は厳しい修業に耐えている舞妓たちが、ホッと心を休めるところなのだろう。二十歳にもならないのに、長い間親元を離れて暮らす寂しさを、鮮やかな色のスイーツが癒してくれるに違いない。

こんな風に、店と舞妓たちとが親しい間柄にあることは、珍しいことではない。それを象徴しているのが、店の壁に飾られた赤い丸団扇《まるうちわ》。

芸妓、舞妓の名前と屋形の名が記された団扇は、得意客に配られるものだが、舞妓たちは、馴染みの店にも置いていく。つまり、これを見れば、どの屋形の、どんな舞妓が店に来るのか、が分かるという仕組みだ。たくさんの団扇が飾ってあれば遭遇率が高いということにもなる。

他にも中華料理店では、料理にニンニクを使わない、といった気遣いを見せる。中華料理は食べたいけど、ニンニク臭くなっては、という舞妓たちの悩みを解消している。花見小路新橋近くに店を構える「**竹香**」などがその代表。京都中華と呼ばれる、あっさりした広東料理は何を食べても美味しい。

こうして花街と、そこで商う店、暮らす人たちとは互いを気遣い合って、日々の営みを続けており、切っても切れない関係にある。その一端を垣間見るだけでも、花街祇園の雰囲気は充分味わえる。

花街祇園の一年

花街には一年を通して、様々な行事があり、季節の節目を大切にする花街の姿を映し出す。

十二月十三日。花街の一年はこの日から始まるといっていいだろう。その名も〈**事始め**〉。一般には正月を迎える支度を始める日だが、花街では、常日頃世話になっている人々のもとへ挨拶に出向く風習が伝わっている。

芸妓、舞妓たちが正装し、鏡餅を手に、師匠のところへ向かう姿が、ひと足先にお正月気分を盛り立ててくれる。

――おめでとうさんどす――

華やいだ声が祇園町に行き交うと、京都の町衆も、そろそろ正月の支度を始めねば、となる。

年が明けて初ゑびす。四条大和大路を下ったところにある「京都ゑびす神社」では、十一日の残り福祭で、舞妓たちが福笹や福餅を授与し、華やいだ空気を醸し出す。

節分になると、花街には可愛いオバケが出現し、これを〈節分オバケ〉と呼ぶ。さしずめ日本版ハロウィンといったところ。

お化髪がオバケの語源と言われるように、舞妓や芸妓たちが、髪を振り乱してオバケに扮する。或いは異形に仮装したり、男装したりもする。

厄祓いの意味を持っているようだが、祇園町では無礼講的な意味もあり、町衆も一緒になって節分の夜を愉しむ。

普段とは違う姿をすることで、節分の夜に跋扈するとされる鬼をやり過ごす、目眩《めくら》ましの意味もあると伝わる。

他にもたくさん行事はあるが、冬の事始めと同じように、必ず報道されるのが、夏の八朔。

八月朔日になると、芸妓、舞妓たちは、暑さにも負けず、正装をして師匠のところへ挨拶に出向く。

このときも、事始めと同じ、——おめでとうさんどす——という挨拶が祇園町のあちこちで飛び交う。この行事を八朔と呼ぶ。

四季を通じて様々な行事が行われる花街。それがニュースなどで報道されると、季節の到来を感じるのが京都人の習わし。

ひとつ気を付けたいのは、こういう行事の際、舞妓を追い掛けて、写真を撮るときのマナー。

道を歩く舞妓の邪魔をすることは決して許されない。遠くから、さり気なく撮影するならともかく、前に立ちはだかって、間近でパシャパシャとシャッターを切ることは厳に慎みたい。彼女たちは見世物ではないのだから。

花街祇園。ここで働く人たちも、そこに集う客たちも、皆、舌が肥えているから、自然と美味しい店が集まってくる。そういう店を食べ歩くのも、祇園の楽しみのひとつ。ただ最近では、祇園の威光を笠に着ようとして、大手資本の店が祇園にもたくさんできてきた。この手の店ほど、過剰に京都らしさを演出するので注意が必要。

やたらと京都らしい言葉遣いをして、客を呼び込むような店は、きっと古くからの店ではない。或いは、店先に、京野菜、京豆腐、京湯葉など、〈京〉の文字をちりばめた派手な看板を出す店も、おそらくは歴史の浅いところに違いない。

昔から祇園町にあって、周囲に溶けこんでいて、落ち着いた佇まいを見せる。そんな店を訪ねてみたい。そしてそこが気に入ったら、他のお奨め店を紹介してもらうのも一法。喫茶店に入って、うどん屋を紹介してもらい、次は洋食屋、更に中華料理屋、と数珠繋ぎにしていけば、知らないお店に入って、落胆することも少なくなる。

花街のネットワークは強力。その繋がりを辿るうち、やがてお茶屋に行き着くこともあるに違いない。無理やり入り込もうとするのではなく、あくまで自然体で向き合えば、花街は必ず微笑んでくれる。ゆっくりと祇園をお愉しみあれ。

あとがき

一都市にこれほど多くのガイドブックが出版されることは、世界でもまれなことではないだろうか。或いは雑誌の特集において、京都が取り上げられる頻度も異常なまでに多い。女性誌、男性誌、熟年向けなど様々な読者層に向けて、繰り返し特集が組まれる。広く浅く、通り一遍の入門編から、そこまで深く掘り下げるのかと驚くほどの上級編まで、書店の京都本コーナーは百花繚乱。

誰も知らない京都、ひみつの京都、京都人だけが知る京都、京都通が教えるナイショの京都。

近年の傾向は、こんなコピーに代表される、知られざる京都。定番の名所は飽きたとでも言わんばかりに、何とかして未知の京都を披瀝しようとする。

それはそれで面白い試みではあるのだが、では定番ともいえる名所や名物のことを、きちんと理解できたのだろうか。そんな疑問が湧く。

有名寺社を訪れ、誰もが観る場所だけを観て、写真を撮り、ＳＮＳに投稿してハイおしまい。次なる名所へ移動して、また同じことを繰り返す。それで、はたしてどこまで理解できるだろうか。

世界遺産に指定された著名な寺社には、はかりしれないほど長い歴史があり、その道筋で多くの出来事があった。そこに関わった人々の思いが今の姿に表されている。人の流れに乗って、ピンポイントで眺め、画像におさめたことで、その一端でも分かっただろうか。

何とも、もったいないことだと思う。すべて物事には歴史的経過がある。ましてや世界遺産に認定されるようなところは、紆余曲折を経て今日、名所とされたのである。そこには、一篇の小説が書けるほどの物語を秘めている。それをひもとき、そこに思いを致して、初めて名所が名所たる輝きを見せる。

京都を訪れて、誰もが必ず一度は足を運ぶだろう、著名な寺社を一例として、そこに残された物語の一端をご紹介した。本書に書かなかった寺社にも、もちろん同じような物語が必ずある筈。それは是非ご自分で探ってみていただきたい。

美食を目的として京都を訪れる人は決して少なくない。

あらかじめ調べておいた人気店で行列の後ろに付く。もしくは有名店の予約を済ませてから京都を訪れる。人気店だから、有名店だから美味しいに決まっている。そう思い込んで食べれば、きっと美味しく感じられることだろう。

だがそれは、京都の食の、ほんの一面に過ぎず、奥深くには、京都が辿ってきた歴史に沿った食が数多く存在している。そんなことも少しばかり解き明かしながら、京都の美味しいものの話も展開した。

誰もが買う京都の定番土産にも、様々な歴史があり、今日に至っている。それを知れば、同じ京土産でも、その味わいはより一層増すに違いない。

そして何より、京都をいつ訪れるかによって異なる愉しみには、多くを割いて綴った。最も人気のある春と秋。それは桜ともみじに代表される、名景を辿る旅になる。どこで、どんな桜を見るのか。いつ、どういうもみじを見るのか。定番とも言える見どころを紹介した。これをアレンジして、自分流のさくら路、もみじ路を編み出していただければ幸いである。

或いは、多くが敬遠する猛暑の夏と、極寒の冬にも、京都の見どころはたくさんある。愉しみ方も数多い。

一度行った、観た、で知ってるつもり。修学旅行のみならず、多くがそんな京都旅を経験しているに違いない。ガイドの話も右の耳から左の耳に通り抜け。ほとんど記憶に残っていない。

今はそこに写メが加わるから、その傾向は更に顕著となる。ベストポジションを探し、もしくは自撮りをすることに熱中するあまり、肝心の名所を目に、心に留めることがない。ゆめゆめ、そんなことにならないよう。

京都の定番。二度三度訪ねても、まだまだ全容を把握したことにはならない。四度め、五度めであっても、また新たな発見、気付きがあることが、名所の名所たる所以。

六十年以上も京都に住まいながら、少し歩く度に、思いを新たにすることが度々ある。「東寺」にせよ、「清水寺」にしても、訪れる度に何かを見つけ、都度感動している。それが京都という街。

京都の定番は飽きることなく、汲めども尽きぬ泉のように絶えず湧き出し、多くの愉しみを与えてくれる。隠れ名所を探す前に、いま一度、京都の定番をこそ制覇しておきたい。

二〇一五年　五月

柏井　壽

次のMapはそれぞれ、以下のページに掲載されています。

桜 - **1**	Map **P132**	紅葉 - **1**	Map **P146**
桜 - **2**	Map **P136**	紅葉 - **2**	Map **P152**
桜 - **3**	Map **P141**	紅葉 - **3**	Map **P157**

Map A 京都市内広域図

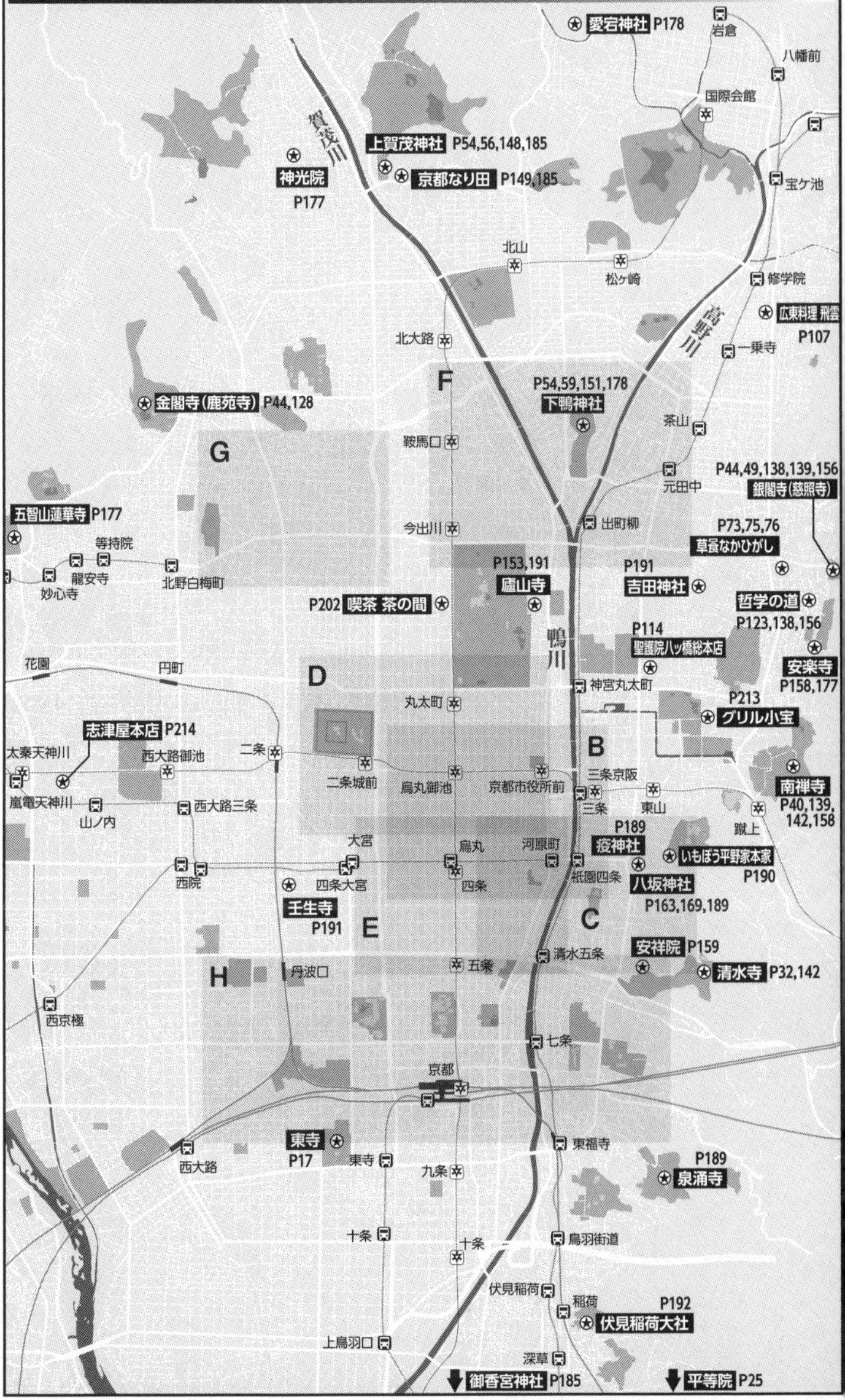

Map B 四条河原町～河原町御池周辺

Map C 四条河原町、祇園、宮川町周辺

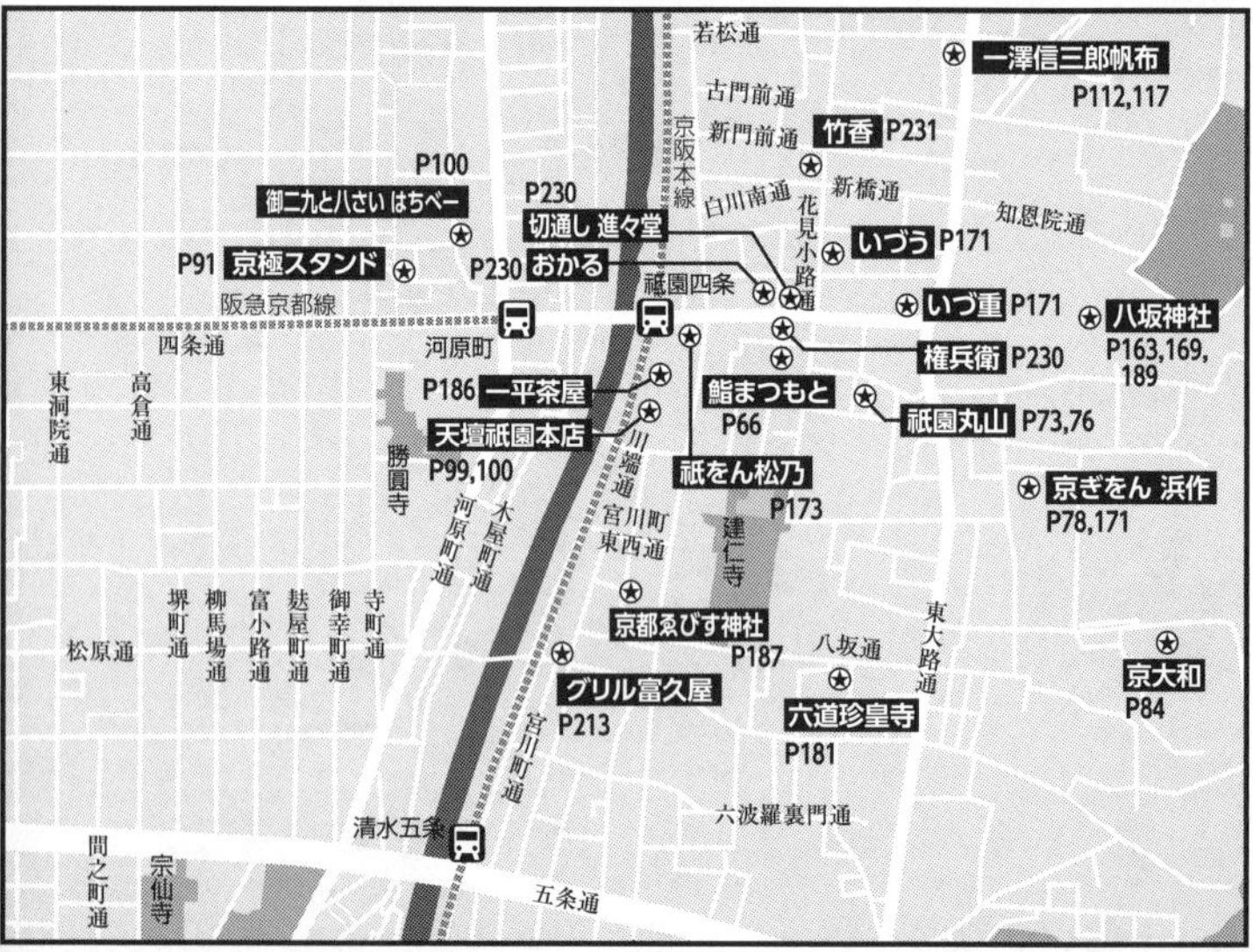

Map D 烏丸三条〜烏丸丸太町周辺

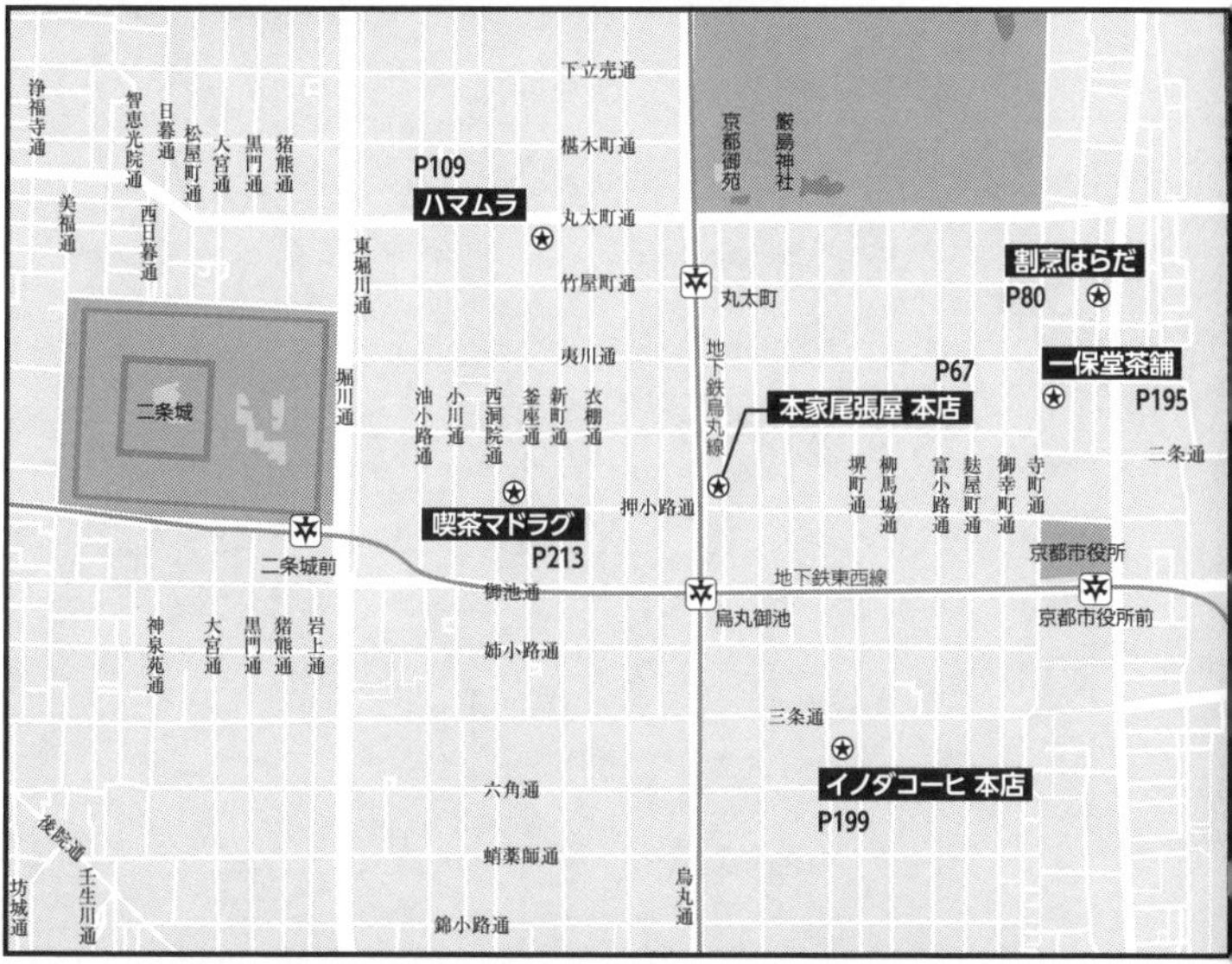

Map E 四条〜五条間、堀川通〜寺町通間

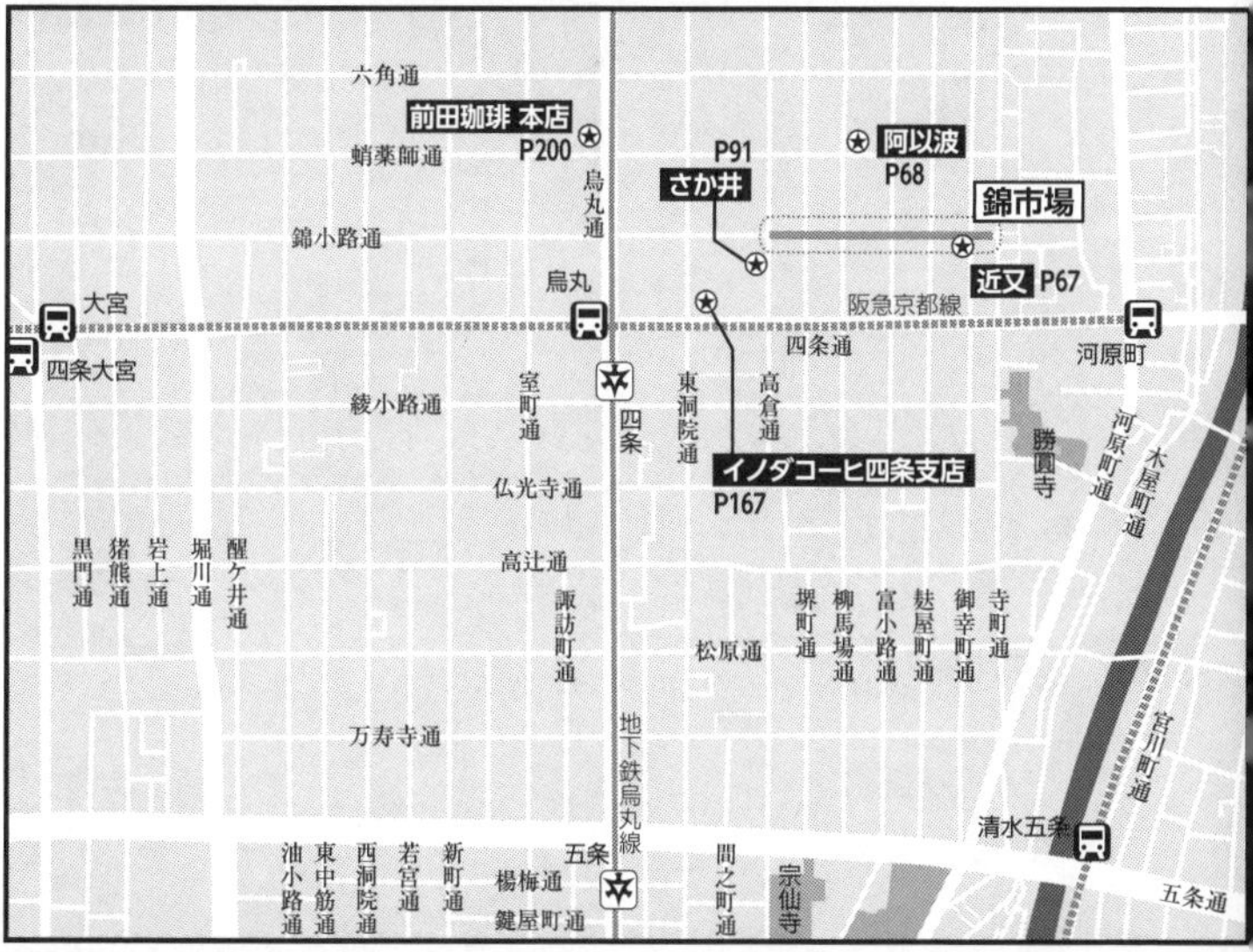

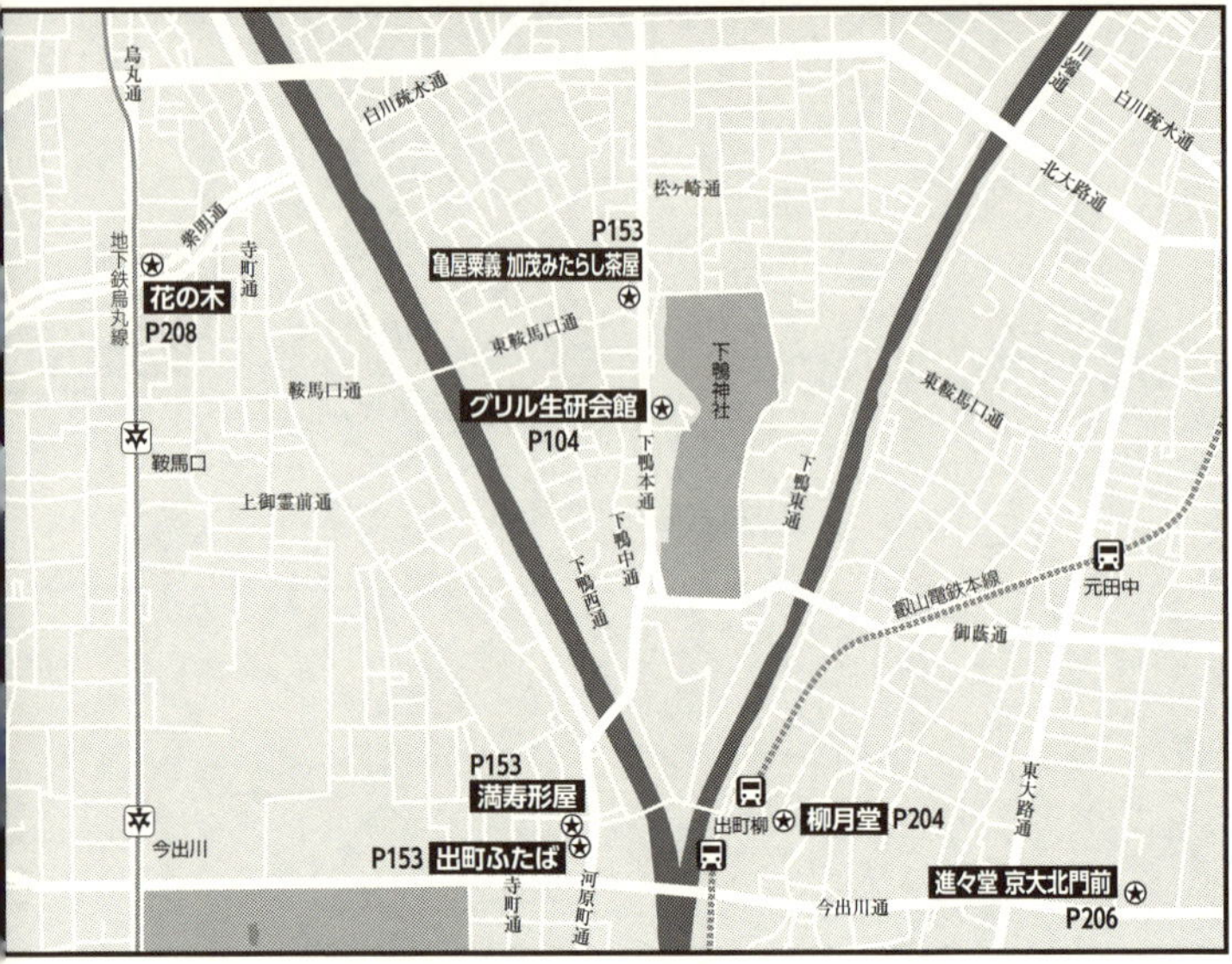
烏丸通
白川疏水通
川端通
白川疏水通
北大路通
松ヶ崎通
地下鉄烏丸線
紫明通
寺町通
P153
亀屋粟義 加茂みたらし茶屋
花の木
P208
東鞍馬口通
下鴨神社
鞍馬口通
グリル生研会館
P104
東鞍馬口通
鞍馬口
下鴨本通
下鴨東通
上御霊前通
下鴨中通
下鴨西通
叡山電鉄本線
元田中
御蔭通
東大路通
P153
満寿形屋
出町柳
柳月堂 P204
今出川
P153 出町ふたば
進々堂 京大北門前
寺町通
河原町通
今出川通
P206

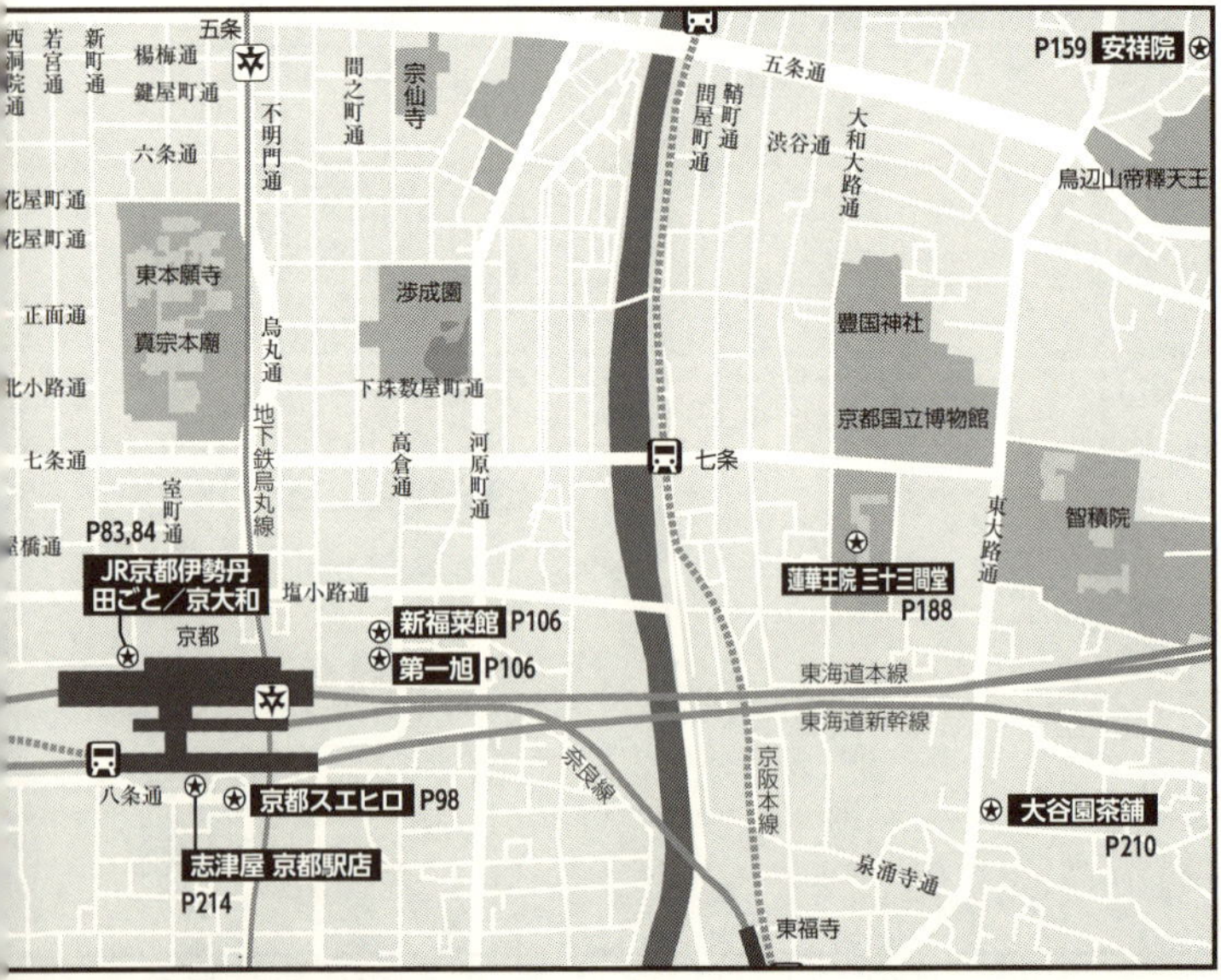
西洞院通
若宮通
新町通
五条
楊梅通
鍵屋町通
間之町通
宗仙寺
五条通
P159 安祥院
問屋町通
鞘町通
渋谷通
大和大路通
六条通
不明門通
鳥辺山帝釈天王
花屋町通
花屋町通
東本願寺
渉成園
正面通
真宗本廟
烏丸通
豊国神社
北小路通
下珠数屋町通
京都国立博物館
地下鉄烏丸線
高倉通
河原町通
七条通
七条
室町通
東大路通
智積院
P83,84
JR京都伊勢丹
田ごと／京大和
塩小路通
蓮華王院 三十三間堂
P188
新福菜館 P106
京都
第一旭 P106
東海道本線
東海道新幹線
奈良線
京阪本線
八条通
京都スエヒロ P98
大谷園茶舗
P210
志津屋 京都駅店
P214
泉涌寺通
東福寺

Map G 西陣周辺

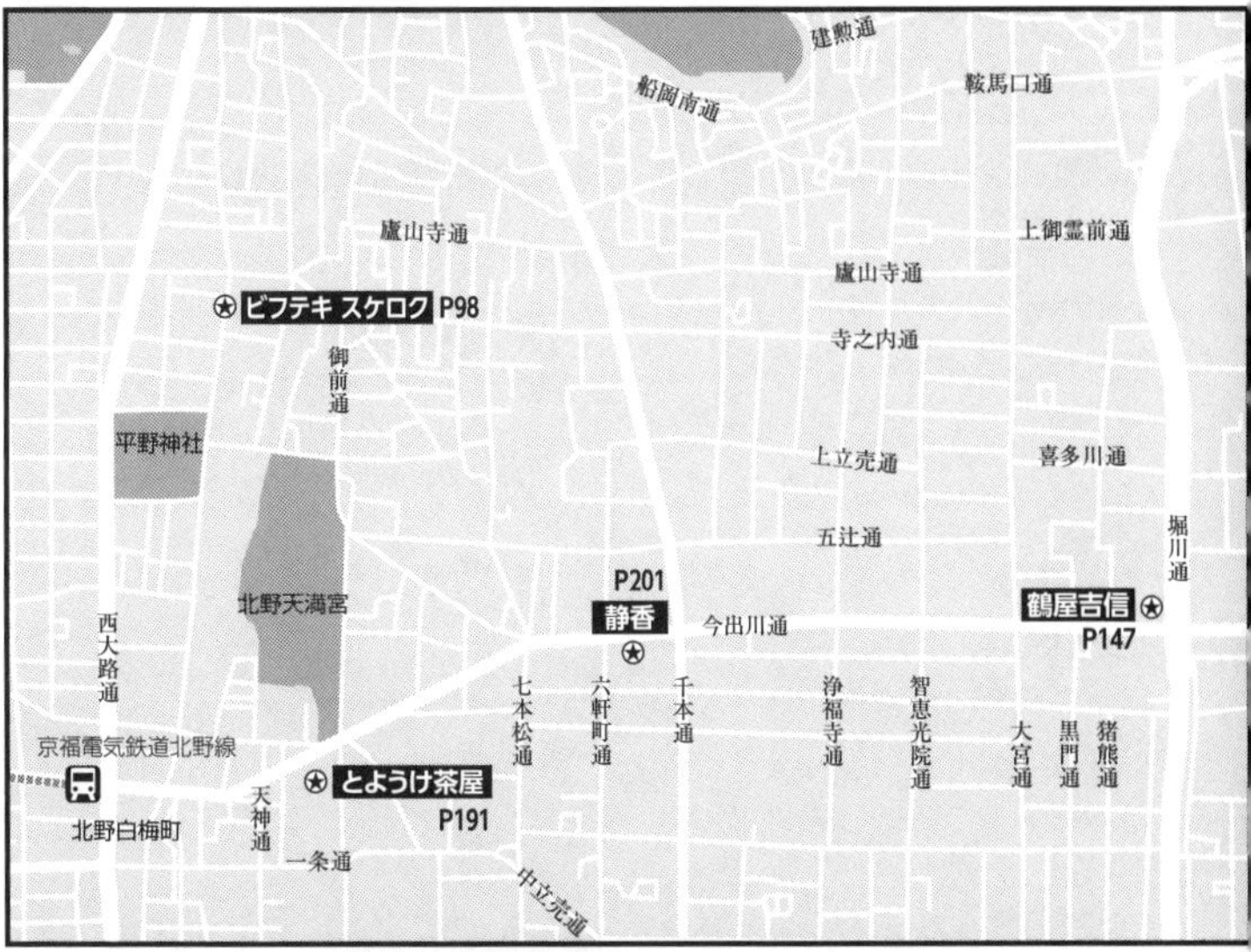

Map H 京都駅周辺

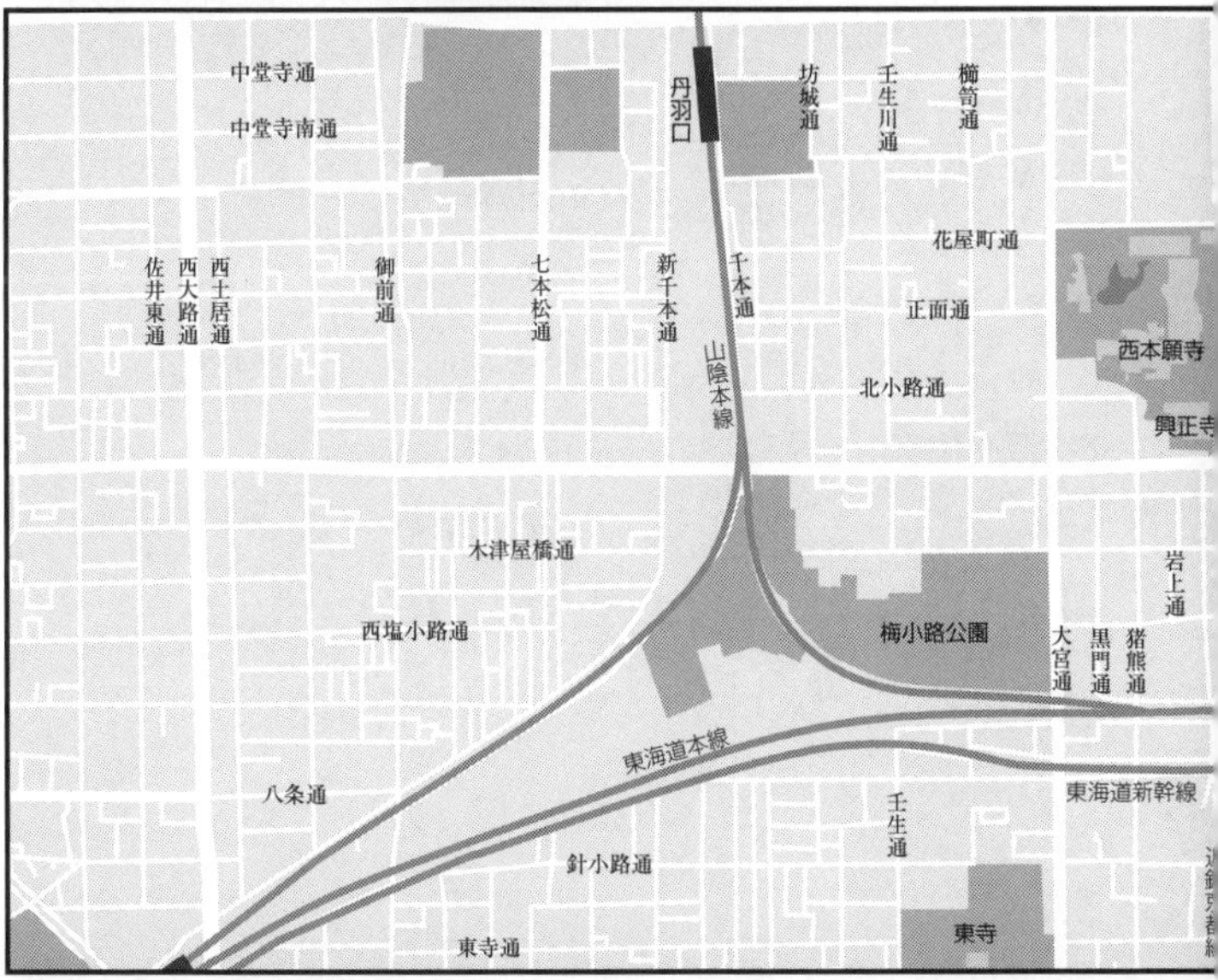

営業時間 11:30〜22:00（ランチ11:30〜15:00）
定休日 日曜
本文P213 Map D

グリル富久屋（洋食、ハンバーグ、オムライス）
京都市東山区宮川筋5-341
TEL 075-561-2980
営業時間 12:00〜21:00
定休日 毎木曜と第三水曜日
本文P213 Map C

グリル小宝（洋食、ハイシライス、オムライス）
京都市左京区岡崎北御所町46
TEL 075-771-5893
営業時間 11:30〜21:45（L.O.）
定休日 火曜、第2・第4水曜、年末年始
本文P213 Map A

遊形サロン・ド・テ（カフェ、甘味処、洋菓子）
京都市中京区姉小路通麩屋町東入ル北側
TEL 075-212-8883
営業時間 11:00〜18:00
定休日 火曜
本文P214 Map B

志津屋 本店（パン、サンドイッチ）
京都市右京区山ノ内五反田町35
TEL 075-803-2550
営業時間 7:00〜20:00
定休日 無休
本文P214 Map A

志津屋 京都駅店（パン、サンドイッチ）
京都市左京区東塩小路町8-3 JR京都駅八条口アスティロード内
TEL 075-692-2452
営業時間 ［月〜木］7:00〜22:00、［金・土・日・祝］7:00〜23:00
定休日 無休
本文P214 Map H

第八章 花街と祇園町の愉しみ

おかる
京都市東山区八坂新地富永町132
TEL 075-541-1001
営業時間 ［月〜木］11:00〜15:00、17:00〜翌2:30、［金・土］11:00〜15:00、17:00〜翌3:00、［日］11:00〜21:00
定休日 無休
本文P230 Map C

権兵衛（うどん、そば、親子丼）
京都市東山区祇園町北側254
TEL 075-561-3350
営業時間 11:30〜20:00（L.O.）
定休日 木曜
本文P230 Map C

切通し進々堂（喫茶店）
京都市東山区祇園町北側254
TEL 075-561-3029
営業時間 10:00〜16:30（喫茶L.O.）、10:00〜18:00（販売）
定休日 月曜
本文P230 Map C

広東御料理 竹香（中華料理、広東料理）
京都市東山区新橋通花見小路西入ル橋本町390
TEL 075-561-1209
営業時間 17:00〜21:00（L.O.20:30）
定休日 火曜
本文P231 Map C

*これらの情報はすべて、2015年4月15日現在のもので、営業時間など変更する可能性もあるのでご注意ください。

*お店の意向で掲載していない場合もあります。

スマート珈琲店
(コーヒー専門店、パンケーキ、洋食)
京都市中京区寺町通三条上ル天性寺前町537
TEL 075-231-6547
営業時間 8:00〜19:00、11:00〜14:30 ※ランチタイム
定休日 無休(ランチのみ火曜定休)
本文P200,213 Map B

前田珈琲 本店
(コーヒー専門店、喫茶店。かき氷は夏季のみ)
京都市中京区蛸薬師通烏丸西入ル橋弁慶町236
TEL 075-255-2588
営業時間 7:00〜19:00
定休日 無休
本文P200 Map E

静香(喫茶店、ホットケーキ)
京都市上京区今出川通千本西入ル南上善寺町164
TEL 075-461-5323
営業時間 10:00〜17:00
定休日 第2・第4日曜 (定休日が25日の場合営業)
本文P201 Map G

喫茶 茶の間(喫茶店、カレーライス)
京都市上京区下長者町室町西入ル南側
TEL 075-441-7615
営業時間 [月〜金]7:30〜17:00、[土]9:30〜17:00
定休日 日曜、第2・第4土曜
本文P202 Map A

六曜社珈琲店(喫茶店)
京都市中京区河原町通三条下ル東側
TEL 075-221-3820
営業時間 1階8:30〜22:30(L.O.22:00)、地下【珈琲】12:00〜18:00、地下【BAR】18:00〜23:30(L.O.23:00)
定休日 水曜
本文P203 Map B

柳月堂(喫茶店)
京都市左京区田中下柳町5-1 柳月堂ビル2F
TEL 075-781-5162
営業時間 10:00〜21:00(L.O.20:30)
定休日 無休
本文P204 Map F

進々堂 京大北門前
(カフェ、パン、サンドイッチ)
京都市左京区北白川追分町88
TEL 075-701-4121
営業時間 8:00〜18:00(L.O.17:45)
定休日 火曜
本文P206 Map F

築地(喫茶店)
京都市中京区河原町四条上ル東入ル
TEL 075-221-1053
営業時間 11:00〜21:30
定休日 無休
本文P207 Map B

花の木(喫茶店、カフェ)
京都市北区小山西花池町32-8
TEL 075-432-2598
営業時間 8:00〜18:00
定休日 日曜、祝日
本文P208 Map F

大谷園茶舗
(日本茶専門店、甘味処、アイスクリーム)
京都市東山区今熊野椥ノ森町7
TEL 075-561-4658
営業時間 9:00〜18:00
定休日 日曜、祝日
本文P210 Map H

喫茶マドラグ
(喫茶店、サンドイッチ、洋食・欧風料理)
京都市中京区押小路通西洞院東入ル北側
TEL 075-744-0067

ビル　B1・B2
TEL 075-221-2604
営業時間 B1は8:00〜19:30、B2は10:00〜20:00
定休日 無休
本文P167 Map E

亀廣永（和菓子）
京都市中京区高倉通蛸薬師上ル和久屋町359
TEL 075-221-5965
営業時間 9:00〜18:00
定休日 日曜、祝日
本文P168 Map B

いづ重（寿司、京料理、和食）
京都市東山区祇園石段下
TEL 075-561-0019
営業時間 10:00〜19:00
定休日 水曜（祝日の場合は翌日）
本文P171 Map C

いづう（京寿司）
京都市東山区八坂新地清本町367
TEL 075-561-0751
営業時間 ［月〜土］11:00〜23:00（L.O.22:30）、［日・祝］11:00〜22:00（L.O.21:30）
定休日 火曜（祝日を除く）
本文P171 Map C

祇をん 松乃（うなぎ）
京都市東山区祇園南座東四軒目
TEL 075-561-2786
営業時間 11:30〜20:30
定休日 不定休
本文P173 Map C

第六章　京都の冬の定番

一平茶屋（京料理）
京都市東山区宮川筋1丁目219
TEL 075-561-4052
営業時間 12:00〜21:00
定休日 木曜
本文P186 Map C

いもぼう平野家本家（登録商標）
京都市東山区祇園円山公園内八坂神社北側
TEL 075-525-0026
営業時間 11:00〜20:30（L.O.20:00）
定休日 無休
本文P190 Map A 紅葉・3

とようけ茶屋（豆腐料理、湯葉料理）
京都市上京区今出川通御前西入紙屋川町822
TEL 075-462-3662
営業時間 飲食11:00〜15:00、売店10:00〜18:30
定休日 木曜
本文P191 Map G

第七章　京都のお茶

一保堂茶舗（日本茶専門店、カフェ・喫茶）
京都市中京区寺町二条上ル
TEL 075-211-3421
営業時間 店頭 9:00〜18:00、喫茶室「嘉木」10:00〜18:00（L.O. 17:30）
定休日 年末年始
本文P195 Map D

イノダコーヒ 本店
（コーヒー専門店、ケーキ、洋食）
京都市中京区堺町通三条下ル道祐町140
TEL 075-221-0507
営業時間 7:00〜20:00
定休日 無休
本文P199 Map D

本文P114 Map A

nikiniki(ハツ橋、スイーツ)
京都市下京区四条西木屋町北西角
TEL 075-254-8284
営業時間 10:30〜19:00
定休日 不定休
本文P116 Map B

一澤信三郎帆布(帆布製カバン)
京都市東山区東大路通古門前北
TEL 075- 541-0436
営業時間 9:00〜18:00
定休日 火曜(季節により無休)
本文P112,117 Map C

第四章　京都の桜と紅葉

鶴屋吉信(甘味処、和菓子)
京都市上京区今出川通堀川西入ル
TEL 075-441-0105
営業時間 [1F:店舗]9:00〜18:00、[2F:お休み処・菓遊茶屋]9:30〜18:00(L.O.17:30)
定休日 1F店舗は元日、2Fお休み処・菓遊茶屋は水曜(祝日は営業)
本文P147 Map G 紅葉-1

神馬堂(和菓子)
京都市北区上賀茂御薗口町4
TEL 075- 781-1377
営業時間 午前中
定休日 水曜
本文P148 紅葉-2

今井食堂(定食・食堂、弁当、和食)
京都市北区上賀茂御薗口町2
上賀茂神社横
TEL 075- 791-6780
営業時間 11:00〜14:30(L.O.14:00)。土・日・祝は弁当販売・お持ち帰りのみ
※予約なし
定休日 水曜日・年末年始・お盆
本文P149 紅葉-2

御すぐき處 京都なり田 本店
(京漬物、佃煮)
京都市北区上賀茂山本町35
TEL 075- 721-1567
営業時間 10:00〜18:00
定休日 元日(不定休あり)
本文P149,185 Map A 紅葉-2

亀屋粟義 加茂みたらし茶屋
(甘味処、喫茶店、和菓子)
京都市左京区下鴨松ノ木町53
TEL 075- 791-1652
営業時間 平日9:30〜19:00(L.O.18:30)、土・日9:30〜20:00(L.O.19:30)
定休日 水曜日(祝日営業)
本文P153 Map F 紅葉-2

満寿形屋(寿司、うどん、そば)
京都市上京区桝形通出町西入ル二神町179
TEL 075-231-4209
営業時間 12:00〜16:00 (売り切れ次第で閉店時間は早まります)
定休日 水曜
本文P153 Map F 紅葉-2

出町ふたば(和菓子)
京都市上京区出町通今出川上ル青龍町236
TEL 075-231-1658
営業時間 8:30〜17:30
定休日 火曜・第4 水曜 (祝日の場合は翌日)※お正月休みは長め
本文P153 Map F 紅葉-2

第五章　京都の夏の定番

イノダコーヒ 四条支店
(コーヒー専門店、ケーキ、洋食)
京都市下京区立売西町66　京都証券

TEL 075- 221-0003
営業時間 11:30〜22:30
定休日 水曜(不定休)
本文P97 Map B

ビフテキ スケロク(ステーキ、洋食)
京都市北区衣笠高橋町1-26
TEL 075-461-6789
営業時間 11:30 〜14:00、17:30〜20:30
定休日 木曜・不定休
本文P98 Map G

スエヒロ アバンティ店
(京都スエヒロ)(ステーキ、牛料理)
京都市南区東九条西山王町31 京都アバンティ B1
TEL 075-671-8933
営業時間 11:00〜15:00、17:00〜21:30(L.O 21:00)
定休日 不定休(ビルの休みに準ずる)
本文P98 Map H

焼肉の名門 天壇 祇園本店
(焼肉、ホルモン)
京都市東山区宮川筋1丁目225
TEL 075- 551-4129
営業時間 [月〜金]17:00〜24:00(L.O.23:30)、[土・日・祝]11:30〜24:00 (L.O.23:30)
定休日 なし
本文P99,100 Map C

御二九と八さい(おにくとやさい)
はちベー(牛料理、ホルモン)
京都市中京区新京極四条上ル中之町577-17
TEL 075-212-2261
営業時間 12:00〜14:15、17:00〜21:30
定休日 無休
本文P100 Map C

グリル生研会館
(洋食、ハンバーグ、カレーライス)
京都市左京区下鴨森本町15 生産開発科学研究所ビル1F
TEL 075-721-2933
営業時間 12:00〜14:00(L.O.13:30)、17:00〜20:00(L.O.19:30)
定休日 水曜夜、木曜
本文P104 Map F

新福菜館 本店(ラーメン、丼もの、中華料理)
京都市下京区東塩小路向畑町569
TEL 075-371-7648
営業時間 [月・火・木〜日]7:30〜22:00、[水]11:00〜15:00
定休日 水曜不定休
本文P106 Map H

広東料理 飛雲(中華料理)
京都市左京区一乗寺宮ノ東町34-4
TEL 075-722-5707
営業時間 12:00〜15:00、17:00〜20:30 L.O.
定休日 水曜、第2・第4木曜
本文P107 Map A

ハマムラ(中華料理)
京都市中京区丸太町通釜座東入ル梅屋町175-2
TEL 075-221-4072
営業時間 11:30〜14:00、18:00〜22:00(L.O.21:30)
定休日 月曜
本文P109 Map D

第三章 京土産の定番

聖護院八ッ橋総本店(八ツ橋)
京都市左京区聖護院山王町6番地
TEL 075-752-1234
営業時間 8:00〜18:00
定休日 元日のみ

阿以波(京うちわの老舗)
京都市中京区柳馬場通六角下ル井筒屋町424
TEL 075- 221-1460
営業時間 9:00〜18:00
定休日 日曜・祝日(4月〜7月は無休)
本文P68 Map E

祇園丸山(京料理、懐石・会席料理)
京都市東山区祇園町南側570-171
TEL 075-525-0009 定休日 水曜
(建仁寺祇園丸山　京都市東山区小松町566-16 TEL075-561-9990 定休日 不定休)
営業時間 11:00〜13:30(L.O.)、17:00〜19:30(L.O.)
本文P73,76 Map C

草喰なかひがし(京料理、懐石・会席料理)
京都市左京区浄土寺石橋町32-3 銀閣寺道交番前
TEL 075-752-3500
営業時間 12:00〜(L.O. 13:00)、18:00〜(L.O. 19:00)
定休日 月曜、月末の火曜
本文P73,75,76 Map A

浜作(板前割烹)
京都市東山区祇園八坂鳥居前下ル下河原町498
TEL 075-561-0330
営業時間 12:00〜14;00(L.O.13:30)、17:30〜22:00(L.O.20:00)
定休日 水曜、最終火曜
本文P78,171 Map C

割烹はらだ(割烹・小料理、懐石・会席料理)
京都市中京区河原町通竹屋町上ル西側大文字町237
TEL 075- 213-5890
営業時間 17:30〜23:00(最終入店21:00)
定休日 月曜、月1回日曜
本文P80 Map D

辻留(懐石・会席料理)
京都市東山区三条通大橋東入ル三丁目16
TEL 075-771-1718
FAX 075-761-7619
営業時間 9:00〜18:00
定休日 不定休
本文P83,85 Map B

京料理 菱岩(料理、弁当、仕出し)
京都市東山区新門前西之町213
TEL 075- 561-0413
営業時間 11:30〜20:30
定休日 日曜、毎月最終月曜
本文P83 Map B

先斗町 ますだ(京料理、割烹・小料理、居酒屋)
京都市中京区先斗町四条上ル下樵木町200
TEL 075- 221-6816
営業時間 17:00〜22:00
定休日 日曜
本文P88 Map B

さか井(寿司、寿司丼、その他)
京都市中京区高倉通錦小路下ル西魚屋町592
TEL 075-231-9240
営業時間 11:30〜18:00
定休日 不定休
本文P91 Map B,E

京極スタンド
(居酒屋、コロッケ・フライ、定食・食堂)
京都市中京区新京極通四条上ル中之町546
TEL 075- 221-4156
営業時間 12:00〜21:00
定休日 火曜
本文P91 Map C

三嶋亭 本店(すき焼き、和食、牛料理)
京都市中京区寺町通三条下ル桜之町405

蓮華王院 三十三間堂
京都市東山区三十三間堂廻町657
拝観時間 8:00〜17:00(11月16日〜3月は9:00〜16:00)受付終了は各30分前(年中無休)
本文P188 Map H

泉涌寺
京都市東山区泉涌寺山内町27
拝観時間 9:00〜16:30 (12月1日〜2月末日は16:00まで)
本文P189 Map A

疫神社
※八坂神社内
本文P189 Map A

壬生寺
京都市中京区壬生梛ノ宮町31
開門時間 8:00〜17:00 (壬生塚は8:30〜16:30)
本文P191 Map A

吉田神社
京都市左京区吉田神楽岡町30
拝観時間 9:00〜17:00
本文P191 Map A

伏見稲荷大社
京都市伏見区深草藪之内町68
拝観時間 8:30〜16:30
本文P192 Map A

*いずれも、2015年4月1日調べ。時期によって拝観時間が異なることがあるので、ご注意ください。

巻末付録2　掲載店リスト

第二章　京都の食の定番

鮨まつもと(寿司)
京都市東山区祇園町南側570-123
TEL 075-531-2031
営業時間 12:00〜14:00、18:00〜21:00
定休日 火曜、水曜のランチ
本文P66 Map C

本家尾張屋 本店(そば、和菓子、丼もの)
京都市中京区車屋町通二条下ル仁王門突抜町322
TEL 075-231-3446
営業時間 11:00〜19:00(L.O.18:30)
定休日 1/1、1/2のみ
本文P67 Map D

近又(京懐石・宿)
京都市中京区御幸町通四条上ル大日町407
TEL 075-221-1039
入店時間 8:00〜9:00、12:00〜13:30、17:30〜19:30
定休日 水曜
本文P67 Map E

拝観時間 9:00〜17:00
本文P156 紅葉-3

金福寺
京都市左京区一乗寺才形町20
拝観時間 9:00〜17:00
本文P156 紅葉-3

安楽寺
京都市左京区鹿ヶ谷御所ノ段町21
拝観時間 9:30〜16:30
本文P158,177 Map A 紅葉-3

禅林寺
京都市左京区永観堂町48
拝観時間 9:00〜17:00
本文P158 紅葉-3

青蓮院
京都市東山区粟田口三条坊町69-1
拝観時間 9:00〜17:00(受付は16:30まで
本文P158 紅葉-3

知恩院
京都市東山区林下町400
拝観時間 9:00〜16:30(受付は16:00まで)
本文P158 紅葉-3

長楽寺
京都市東山区八坂鳥居前東入円山町626
拝観時間 9:00〜17:00
本文P159 紅葉-3

安祥院
京都市東山区五条通東大路東入遊行前町560
拝観時間 8:00〜17:00
本文P159 Map A,H

第五章 京都の夏の定番

八坂神社
京都市東山区祇園町北側625
本文P163,169,189 Map A,C

五智山蓮華寺
京都市右京区御室大内20
拝観時間 8:00〜17:00 (冬季12月〜2月16:00まで)
本文P177 Map A

神光院
京都市北区西賀茂神光院町120
拝観時間 6:30〜17:00
本文P177 Map A

愛宕神社
京都市右京区嵯峨愛宕町1
拝観時間 9:00〜16:00
本文P178 Map A

六道珍皇寺
京都市東山区大和大路通四条下ル4丁目小松町595
拝観時間 9:00〜16:00
本文P181 Map C

第六章 京都の冬の定番

御香宮神社
京都市伏見区御香宮門前町174
拝観時間 9:00〜16:00
本文P185 Map A

京都ゑびす神社
京都市東山区大和大路通四条下ル小松町125
9:00〜17:00(御宝印受付は16:30まで)
本文P187 Map C

本文P144 紅葉-1

聚光院
京都市北区紫野大徳寺町58
※特別公開期間以外は、公開されていない
本文P144 紅葉-1

本法寺
京都市上京区本法寺前町617
拝観時間 10:00〜16:00
本文P145 紅葉-1

妙蓮寺
京都市上京区寺之内通大宮東入
拝観時間 10:00〜16:00
本文P147 紅葉-1

宝鏡寺
京都市上京区百々町547
参拝期間&時間 春の人形展3月1日〜4月3日
10:00〜16:00（受付は15:30まで）
秋の人形展11月1日〜11月30日
10:00〜16:00（受付は15:30まで）
本文P147 紅葉-1

報恩寺
京都市上京区小川通寺之内下ル射場町579
拝観時間 9:00〜16:00
本文P147 紅葉-1

晴明神社
京都市上京区晴明町806
拝観時間 9:00〜18:00（無休）
本文P147 紅葉-1

京都府立植物園
京都市左京区下鴨半木町
入園時間 9:00〜16:00（閉園17:00）
観覧温室　10:00〜15:30（閉室16:00）
休園日　12月28日〜1月4日
本文P150 桜-2 紅葉-1,2

梨木神社
京都市上京区寺町通広小路上染殿町680
拝観時間 9:00〜17:00
本文P153 紅葉-2

廬山寺
京都市上京区寺町通広小路上ル北之辺町397
拝観時間 9:00〜16:00
本文P154,191 Map A 紅葉-2

修学院離宮
京都市左京区修学院藪添
※事前予約制
本文P154 紅葉-3

赤山禅院
京都市左京区修学院開根坊町18
開門時間 6:00〜18:00
拝観時間 9:00〜16:30
本文P154 紅葉-3

鷺森神社
京都市左京区修学院宮ノ脇町16
拝観時間 境内自由
本文P155 紅葉-3

曼殊院
京都市左京区一乗寺竹ノ内町42
拝観時間 9:00〜17:00（受付は16:30まで）
本文P156 紅葉-3

詩仙堂
京都市左京区一乗寺門口町27
拝観時間 9:00〜17:00（受付は16:45まで）
本文P156 紅葉-3

八大神社
京都市左京区一乗寺松原町1
本文P156 紅葉-3

圓光寺
京都市 左京区一乗寺小谷町13

冬時間　6:30〜17:00
御祈祷受付時間 9:00〜16:00
本文P54,59,151,178
Map A,F 桜-2 紅葉-2

第四章　京都の桜と紅葉

常照寺
京都市北区鷹峯北鷹峯町1
拝観時間 8:30〜17:00
本文P126 桜-1

源光庵
京都市北区鷹峯北鷹峯町47
拝観時間 9:00〜17:00
本文P127 桜-1

光悦寺
京都市北区鷹峯光悦町29
拝観時間 8:00〜17:00
本文P127 桜-1

しょうざん庭園
京都市北区衣笠鏡石町47
拝観時間 9:00〜17:00
本文P127 桜-1

原谷苑
京都市北区大北山原谷乾町36
拝観時間 9:00〜17:00
本文P128 桜-1

仁和寺
京都市右京区御室大内33
拝観時間 3月〜11月　9:00〜17:00（受付は16:30まで）
12月〜2月　9:00〜16:30（受付は16:00まで）
本文P129 桜-1

龍安寺
京都市右京区龍安寺御陵下町13
拝観時間 3月1日〜11月30日　8:00〜17:00
12月1日〜2月末日　8:30〜16:30
本文P129 桜-1

京都御苑
京都市上京区京都御苑3
一般公開などについては、http://www.kunaicho.go.jp
本文P134,137,153 桜-2,3 紅葉-1,2

彌勒院（弥勒院）
京都市左京区浄土寺南田町29
拝観時間 8:30〜17:30
本文P139 桜-3

平安神宮
京都市左京区岡崎西天王町
境内参拝時間 6:00〜18:00
※お守・ご朱印は7:30〜
神苑拝観受付時間　8:30〜17:30
本文P140 桜-3

円山公園
京都市東山区円山町473他
本文P142,158 桜-3 紅葉-3

今宮神社
京都市北区紫野今宮町21
拝観時間 自由参拝。社務所 9:00〜17:00
本文P143 紅葉-1

大徳寺
京都市北区紫野大徳寺町53
拝観時間 9:00〜16:30（塔頭によって多少異なる）
本文P143 紅葉-1

高桐院
京都市北区紫野大徳寺町73-1
拝観時間 9:00〜16:30
本文P144 紅葉-1

黄梅院
京都市北区紫野大徳寺町83-1
※特別公開期間以外は、公開されていない

巻末付録1　掲載スポットリスト

第一章　京都名所再見

東寺(真言宗総本山 教王護国寺)
京都市南区九条町1
開門時間 夏期(3月20日〜9月19日)
5:00〜17:30
冬期(9月20日〜3月19日)5:00〜
16:30
拝観時間 夏期(3月20日〜9月19日)
8:30〜17:30(17:00受付終了)
冬期(9月20日〜3月19日)
8:30〜16:30(16:00受付終了)
本文P17 Map A

平等院
宇治市宇治蓮華116
拝観時間 庭園　8:30〜17:30(17:15受付終了)
平等院ミュージアム　9:00〜17:00
(16:45受付終了)
鳳凰堂内部　受付9:10〜16:10(9:30より拝観開始、以後20分毎に1回50名)
本文P25 Map A

清水寺(音羽山 清水寺)
京都市東山区清水1丁目294
開門時間 6:00
閉門時間は季節により変更。夜間特別拝観の期間中は、通常拝観を一旦終了し、再度開門。詳しくはHPにて。
http://www.kiyomizudera.or.jp/
本文P32,142 Map A 桜-3

南禅寺(臨済宗大本山 南禅寺)
京都市 左京区南禅寺福地町86
拝観時間 12月1日〜2月28日　8:40〜
16:30
3月1日〜11月30日　8:40〜17:00
本文P40,139,142,158
Map A 桜-3 紅葉-3

金閣寺(臨済宗相国寺派 鹿苑寺)
京都市北区金閣寺町1
拝観時間 9:00〜17:00
本文P44,128 Map A 桜-1

銀閣寺(臨済宗相国寺派 東山慈照寺)
京都市左京区銀閣寺町2
拝観時間 夏季(3月1日〜11月30日)
8:30〜17:00
冬季(12月1日〜 2月末日)
9:00〜16:30
本文P44,49,138,139,156
Map A 桜-3 紅葉-3

上賀茂神社(賀茂別雷神社)
京都市北区上賀茂本山339
開門時間 二ノ鳥居内　5:30〜17:00
楼門内　夏季(4月〜10月)
8:00〜17:00
冬季(11月〜3月)　8:30〜17:00
御祈祷受付時間 4月〜10月　9:00〜17:00
11月〜3月　9:30〜17:00
本文P54,56,148,185 Map A 紅葉-2

下鴨神社(賀茂御祖神社)
京都市左京区下鴨泉川町59
参拝時間 夏時間　5:30〜18:00

著者略歴

柏井 壽《かしわいひさし》

一九五二年京都市生まれ。大阪歯科大学卒業。

京都市北区で歯科医院を開業する傍ら、

京都の魅力を伝えるエッセイや、日本各地の旅行記などを執筆。

『おひとり京都の愉しみ』『極みの京都』『日本百名宿』(以上、光文社新書)、

『京都の路地裏』(幻冬舎新書)、『日本ゴクラク湯八十八宿』(だいわ文庫)、

『おひとり京都の春めぐり』(光文社知恵の森文庫)、

『泣ける日本の絶景88』(共著、エイ出版社)ほか著書多数。

自分の足で稼ぐ取材力と、確かな目と舌に定評があり、「Discover Japan」

「ノジュール」「dancyu」「歴史街道」など、雑誌からも引っ張りだこ。

京都や旅をテーマにしたテレビ番組の監修も多数務める。

柏木圭一郎名義で、京都を舞台にしたミステリー小説も多数執筆する一方、

本名の柏井壽名義で執筆した小説『鴨川食堂』(小学館文庫)が好評。

二〇一三年「日本 味の宿」プロジェクトを立ち上げ、発起人として話題を集める。

幻冬舎新書 378

京都の定番

二〇一五年五月三十日 第一刷発行
二〇一五年六月十五日 第三刷発行

著者 柏井 壽
発行人 見城 徹
編集人 志儀保博
発行所 株式会社 幻冬舎
〒一五一-〇〇五一 東京都渋谷区千駄ヶ谷四-九-七
電話 〇三-五四一一-六二一一(編集)
〇三-五四一一-六二二二(営業)
振替 〇〇一二〇-八-七六七六四三
ブックデザイン 鈴木成一デザイン室
印刷・製本所 中央精版印刷株式会社

Printed in Japan ISBN978-4-344-98379-3 C0295
か-17-2
幻冬舎ホームページアドレス http://www.gentosha.co.jp/
*この本に関するご意見・ご感想をメールでお寄せいただく場合は、comment@gentosha.co.jp まで。

柏井壽

京都の路地裏

生粋の京都人が教えるひそかな愉しみ

観光地化された京都で、古き良き都らしさを知りたければ、路地裏の細道へ。地元民が参拝に通う小さな寺社、一子相伝の和菓子屋、舞妓さんが通う洋食屋……。京都のカリスマによる厳選情報。

小谷野敦

21世紀の落語入門

「聴く前に、興津要《おきつかなめ》編のネタ集『古典落語』を読むとよく分かる」「寄席へ行くより名人のCD」「初心者は志《し》ん朝《ちょう》から聴け」……ファン歴三十数年の著者が、業界のしがらみゼロの客目線で楽しみ方を指南。

小高賢

句会で遊ぼう

世にも自由な俳句入門

もともと「座の文芸」と言われる俳句。肩書き抜きでコミュニケーションを楽しめる句会こそ、中高年に格好の遊びである。知識不要、先生不要、まずは始めるが勝ち。体験的素人句会のすすめ。

森村誠一

60歳で小説家になる。

60〜70代での小説家デビューが急増中だ。社会人経験を武器に、60歳以降から小説家を目指す生き方を提案。自身もサラリーマン経験を持ち、多くのプロ作家を養成してきた著者が教える、理想のセカンドライフのための戦略とノウハウ。

幻冬舎新書

稲垣栄洋
なぜ仏像はハスの花の上に座っているのか
仏教と植物の切っても切れない66の関係

不浄である泥の中から茎を伸ばし、清浄な花を咲かせるハスは、仏教が理想とするあり方。仏教ではさまざまな教義が植物に喩えて説かれる。仏教が理想とした植物の生きる知恵を楽しく解説。

辻田真佐憲
日本の軍歌
国民的音楽の歴史

軍歌は国民を戦争に動員する政府の道具であり、最も身近な国民の娯楽、レコード会社・新聞社・出版社にとっては、確実に儲かる商品だった。誕生から末路まで、史上最大の大衆音楽の引力に迫る。

島田裕巳
靖国神社

靖国神社とは、そもそも日本人にとって何か。さまざまに変遷した145年の歴史をたどった上で靖国問題を整理し、未来を見据えた画期的な書。靖国神社の本質がついにこの1冊で理解できる。

小谷太郎
理系あるある

「ナンバープレートの4桁が素数だと嬉しい」「花火を見れば炎色反応について語りだす」……。理系の人特有の行動や習性を蒐集し、その背後の科学的論理を解説。理系の人への親しみが増す一冊。

枡野俊明
日本人はなぜ美しいのか

日本の美とは、禅の美だ。「いびつな茶器」「石でできた庭」「一輪だけ挿した花」などを愛でるのは世界でも稀有。禅僧で庭園デザイナーの著者が、日本人は独自の美的感性を持っていると説く。

高橋一喜
日本一周3016湯

温泉好きが高じて一念発起、退職しいざ全国温泉めぐりへ。386日間、450万円をかけて制覇した3016湯を、泉質や源泉かけ流しかどうかを重視しながら講評。名湯秘湯の数々を記録。

倉阪鬼一郎
元気が出る俳句

打ちひしがれたとき、ほっこりしたいとき、夢見る気分に浸りたいとき、誰かにそっと背中を押されたいとき……ここで紹介される1000を超える俳句が、ハリ治療のようにすぐに心に効きます。

島田裕巳
なぜ八幡神社が日本でいちばん多いのか
【最強11神社】八幡／天神／稲荷／伊勢／出雲／春日／熊野／祇園／諏訪／白山／住吉の信仰系統

日本の神社の数は約8万社。初詣など生活に密着しているが、そこで祀られる多様な神々について我々は意外なほど知らない。八幡、天神、伊勢など11系統を選び出し、祭神を解説した画期的な書。

幻冬舎新書

森由香子
なぜベトナム人は痩せているのか
炭水化物が好きな人のための分食ダイエット

ダイエットで陥りがちなのが「炭水化物抜き」。だが、それでは逆に代謝を落とし太りやすい体を作るだけ。肥満が圧倒的に少ないベトナム人は、毎食米を食べる。しかし一度に食べる量は少なく、食事の回数は多い！

藤田一照　山下良道
アップデートする仏教

欧米の仏教が急激に進歩しているのに、なぜ日本の仏教だけが旧態依然としているのか。三十年にわたり世界で仏教の修行を実践し深めてきた二人のカリスマ僧侶が、日本の仏教を1・0から3・0に更新する！

鈴木洋一郎
暗黒物質とは何か
宇宙創成の謎に挑む

星や星間ガスの5倍以上も存在し、宇宙の全質量の4分の1以上を占める「暗黒物質」(ダークマター)。星も銀河も暗黒物質がなければ生まれなかった。暗黒物質探査の最前線に立つ著者がその正体に迫る。

田中修
植物のあっぱれな生き方
生を全うする驚異のしくみ

暑さ寒さをタネの姿で何百年も耐える。光を求めてがんばり、よい花粉を求めて婚活を展開。子孫を残したら、自ら潔く散る――与えられた命を生ききるための、植物の驚くべきメカニズム！

内藤正人

江戸の人気浮世絵師

俗とアートを究めた15人

世界に誇れる数多の作品を残した、江戸の浮世絵師たち。だが、当時の彼らの地位は低かった。タブーを犯して生計を立てる者、幕府に睨まれ処罰される者……。波瀾万丈な15人の、作品と生きざま。

丸山学

先祖を千年、遡《さかのぼ》る

名字・戸籍・墓・家紋でわかるあなたのルーツ

日本人の90%が江戸時代、農民だったとされるが、さらに平安時代まで千年遡ると、半数は藤原鎌足にルーツがあるという。先祖探しのプロが、自分自身の謎を解く醍醐味とその具体的手法を伝授。

島田裕巳

浄土真宗はなぜ日本でいちばん多いのか

仏教宗派の謎

多くの人は、親の葬儀を営む段になって初めて自らの宗派を気にするようになる。だが、そもそも宗派とは何か。歴史上どのように生まれたのか。日本の主な宗派をわかりやすく解説した。

横山紘一

阿頼耶識《あらやしき》の発見

よくわかる唯識《ゆいしき》入門

唯識とは、『西遊記』で有名な玄奘三蔵が伝えた仏教思想の根本で、「人生のすべては、心の中の出来事にすぎない」と説く。心の最深部にあるのが〈阿頼耶識〉。それは「心とは何か」を解明する鍵だ。